Workbook/Lab Manual

Mary Ellen Scullen

Virginie Cassidy

CHEZ NOUS

BRANCHÉ SUR LE MONDE FRANCOPHONE

Second Edition

Albert Valdman

Indiana University

Cathy Pons

University of North Carolina, Asheville

Mary Ellen Scullen

University of Maryland, College Park

Sarah Jourdain

State University of New York, Stony Brook

Upper Saddle River, NJ 07458

Publisher: Phil Miller
Editorial/Production Supervision: Nancy Stevenson
Development Editor: Barbara Lyons
Media Editor: Heather Finstuen
Assistant Editor: Meriel Martinez
Editorial Assistant: Meghan Barnes
Executive Managing Editor: Ann Marie McCarthy
Interior Design and Page Layout: Wanda España/Wee Design Group
Cover Design: Bruce Killmer
Marketing Manager: Stacy Best
Prepress and Manufacturing Buyer: Camille Tesoriero

This book was set in 11/14 Times by Wee Design Group and was printed and bound by Bradford & Bigelow, Inc. The cover was printed by Bradford & Bigelow, Inc.

Printed in the United States of America

10 9 8 7 6 5

ISBN 0-13-091908-X

Pearson Education LTD., *London*
Pearson Education Australia PTY, Limited, *Sydney*
Pearson Education Singapore, Pte. Ltd
Pearson Education North Asia Ltd, *Hong Kong*
Pearson Education Canada, Ltd., *Toronto*
Pearson Educación de Mexico, S.A. de C.V.
Pearson Education—Japan, *Tokyo*
Pearson Education Malaysia, Pte. Ltd
Pearson Education, *Upper Saddle River, New Jersey*

Contents

Preface

To the student:

The Workbook and Lab Manual that accompany **Chez nous, Second Edition,** are designed to enhance your ability to read and write in French as you progress through the textbook. The exercises and activities in the Workbook and Lab Manual complement, on a chapter-by-chapter basis, the presentations in **Chez nous, Second Edition**. For each chapter, the Workbook has three lessons organized into the following sections: **Points de départ, Formes et fonctions**, and **Écrivons,** and a concluding **Lisons** and **Venez chez nous!** section. The Lab Manual contains three lessons for each chapter, each organized into the following parts: **Points de départ, Sons et lettres, Formes et fonctions**, and **Mise en pratique.**

Many of the exercises and activities in the Workbook are open-ended in nature and require individualized and/or personal responses. Others are more structured and have only one possible response. For the latter, an answer key has been provided to your instructor, who may choose to reproduce it and have you self-correct your work. You will be able to complete many of the exercises right in the Workbook itself. However, some of the longer writing activities are to be completed on a separate sheet of paper, and you may want to invest in a notebook so that you can keep all of these assignments in one place. Most of the exercises in the Lab Manual are easily corrected, and an Answer Key has been provided in the back so that you can check your work as you progress.

The **Lisons** sections of the Workbook and the **Mise en pratique** sections of the Lab Manual consist of a reading or listening passage, respectively, each accompanied by three subsections called **Avant de lire/écouter, En lisant/écoutant**, and **Après avoir lu/écouté**. The first section helps you prepare for what you will read or listen to, while the second section asks you to focus on finding specific information as you read or listen. The activities in these two sections are intended to help you to understand better what you are reading or listening to and are often to be completed in English. The final section focuses on your reaction(s) to the reading and listening passages and connects the information and issues raised to broader issues in your life and experience. The questions and activities in the final section are sometimes to be completed in English, sometimes in French, and occasionally it will be up to your instructor to specify which language is to be used. It is our intention that you read and listen to these passages without the aid of a French-English dictionary. In many cases there will be words that you do not understand. Strive, however, to use the context, the activities provided in the Workbook and/or Lab Manual, and other reading and listening strategies you will be learning in the textbook to help you figure out the meaning of the passages.

Each writing assignment in the Workbook begins by guiding you through a set of prewriting activities designed to help prepare you for the activity itself. It is important to carry out these preliminary steps and to do so in French. Get into the habit of thinking in French about each topic you are asked to write about, and concentrate on simplifying your writing to use the French that you have learned. You should not need to consult a French-English dictionary to complete the writing assignments; doing so may well be inappropriate, since word-for-word translations from one language to another are often unsuccessful.

New to this edition are the innovative web-based activities in each **Venez chez nous!** section of the Workbook. These activities have been designed to stretch your knowledge and broaden your access to the people and cultures in the Francophone world. Most of these activities are designed around authentic Francophone websites. As you access web pages in French, try to treat them much as you do the reading passages you encounter in the textbook and Workbook. You will not understand every word, but your knowledge of the world and the graphics on the web pages should help you to find the specific pieces of information required to complete the activities. It is our hope that these activities will be enjoyable and lead you to a deeper understanding of the richness and variety of the Francophone world.

To the instructor:

In addition to the points made to the student, we would add the following: In the **Après avoir lu** subsection of the **Lisons** section, when you wish students to write in French, prepare them for the writing process by leading them through the activity. Also, whenever possible, give students additional opportunities to develop their writing skills—for example, through the submission of rough drafts, peer editing, and the process-writing techniques used in the **Écrivons** sections of the textbook and Workbook.

Most of the activities in the **Venez chez nous!** section can be completed in either French or English, depending on the skill level and interests of the class. Be sure to tell students when you assign the activities which language they are to use. If you decide to have them complete an activity in French, prepare them appropriately as just discussed.

Note that the **Écrivons** section sometimes asks students to disclose personal information and opinions. If some students do not feel comfortable writing in a personal vein, you may want to encourage them to take on a fictitious persona so that they will not feel ill at ease.

Workbook

Mary Ellen Scullen

University of Maryland, College Park

CHEZ NOUS

BRANCHÉ SUR LE MONDE FRANCOPHONE

Second Edition

Nom: Margaret K. Miley Date: 5/11/05

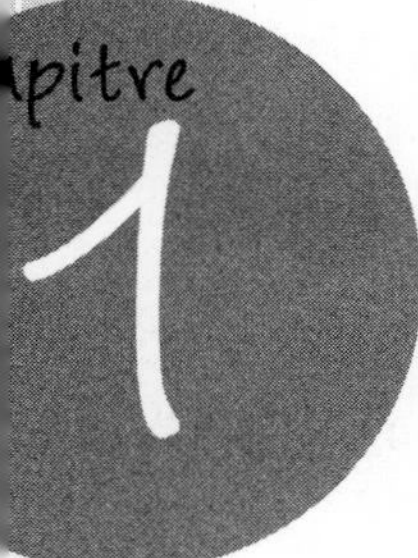

Présentons-nous!

Leçon 1 Je me présente

POINTS DE DÉPART

1-1 Bonjour. Select an appropriate follow-up to each greeting. The first one has been completed for you as an example.

f	**1.** Bonjour, madame.	**a.**	Je m'appelle Mme Dumas. Et vous?
e	**2.** Vous êtes de Paris?	**b.**	Pas mal, et toi?
i	**3.** Comment tu t'appelles?	**c.**	Salut, Thierry.
b	**4.** Ça va?	**d.**	Très bien, merci. Et vous?
a	**5.** Comment vous appelez-vous?	**e.**	Non, je suis de Bruxelles.
h	**6.** Monsieur, je vous présente Madame Guenier.	**f.**	Bonjour, monsieur.
c	**7.** Gisèle, je te présente mon ami, Thierry.	**g.**	Au revoir. À demain.
g	**8.** Au revoir, madame.	**h.**	Enchanté, madame.
d	**9.** Comment allez-vous?	**i.**	Je m'appelle Louise. Et toi?

1-2 Salutations. Prepare for an exchange with a non-English-speaking French person by writing out your personal responses to the following basic conversational overtures.

MODÈLE: Bonjour.
Bonjour, Monsieur.

1. Comment allez-vous? Bien, merci. Et vous?
2. Comment vous appelez-vous? Je m'appelle Mlle. Miley. Et vous?
3. Vous êtes de Paris? Non, je suis de Indiana.
4. Au revoir. Au revoir monsieur/mme/mlle.

FORMES ET FONCTIONS

Les pronoms sujets et le verbe être

1-3 Photo de classe. Point out the various people in a photo of your French class by filling in the blanks with the correct form of **C'est** or **Ce sont**.

MODÈLE: ***C'est*** moi.

1. C'est le prof de français.
2. Ce sont mes amis, Paul et Jeanne.
3. C'est mon amie Pierrette.
4. Ce sont Jacques et Pauline.

1-4 Ça va bien? Tell —or ask— how people are feeling today by completing the sentences with the correct form of the verb **être**.

MODÈLE: Claire et Malik ***sont*** fatigués.

1. Tu es malade?
2. Antoine et Yann sont en forme.
3. Vous etês fatigué?
4. Moi, je suis en forme.
5. Nous sommes très occupés.
6. Le prof de français est stressé.

1-5 Ville d'origine. Write sentences to tell what city each of the following people is from.

MODÈLE: your best friend
Elle est de Detroit.

1. your parents Ils sont de Plymouth IN.
2. your roommate Elle est de southern IN.
3. you Je suis de Plymouth, IN.
4. you and your siblings Nous sommes de Plymouth, IN.
5. your best friend Il est de Elgin, IL.
6. your French teacher Elle est de Arkansas.

Nom: ______________________ **Date:** ______________________

Venez chez nous! Qui parle français?

1-22 Les grandes dates de la Francophonie. Match the important dates of the history of **la Francophonie** with the events that happened on that date. You may wish to visit the ***Chez nous*** website for links to sites that can help you gather this information. Number one has been completed for you as an example.

__d__ **1.** 1950	**a.**	Création du Secrétariat général. Election de Boutros Boutros-Ghali.
______ **2.** 1961	**b.**	Troisième Sommet francophone à Dakar (24–26 mars)
______ **3.** 1969	**c.**	Fondation de l'Agence de la Coopération Culturelle et Technique (ACCT)
______ **4.** 1970	**d.**	Création de l'Union Internationale des Journalistes de la Presse de Langue Française (UIJPLF)
______ **5.** 1986	**e.**	Neuvième Sommet francophone à Beyrouth
______ **6.** 1987	**f.**	Deuxième Sommet francophone à Québec (2–4 septembre)
______ **7.** 1989	**g.**	Création à Montréal de l'Association des Universités Partiellement ou Entièrement de Langue Française (AUPELF)
______ **8.** 1997	**h.**	Premier Sommet de la Francophonie à Paris
______ **9.** 2001	**i.**	Création de la Conférence des Ministres de la Jeunesse et des Sports dans les Pays Francophones (CONFEJES)

1-23 Où est-ce qu'on parle français? Name some places or regions in the following areas where French is spoken. Some information has been provided for you as a model.

en Amérique du Nord: ______*Québec*______

____

en Afrique: ______________________

____

____

____

en Europe: ______*France*______

____

dans le Pacifique: ______________________

____

1-24 L'organisation internationale de la Francophonie. Visit the ***Chez nous*** website for links to the International Organization of Francophony to learn more about this organization. On a separate sheet of paper, answer the questions below about this international organization.

1. What is the symbol of this organization? If you have colored pencils or markers, draw it.
2. Where is the headquarters?
3. Who is the current **Secrétaire général**? For how long of a term is he elected?
4. List six member states and the date when they became members.
5. List two or three specific programs that the organization is undertaking.
6. The organization has six official agencies (**les opérateurs**): TV5, AUPELF-UREF, AIMF, AIF, APF, and Université Senghor. Pick two of them and identify what they are.

Pour aller plus loin: To learn more about **la Francophonie** and the role of French in the world, visit the ***Chez nous*** website for helpful links.

Pour réviser: Visit the ***Chez nous*** website and the ***Chez nous*** CD-ROM for self-correcting exercises that will help you review what you have learned in this chapter.

Nom: ______________________ Date: ______________

Leçon 2 État civil

POINTS DE DÉPART

2-8 Il y en a combien? Tell how many of the following things or people there are by writing out the number in the blank.

MODÈLE: Il y a *trente* jours en avril.

1. Il y a ______________________ jours en janvier.
2. Il y a ______________________ jours en tout en septembre, octobre et novembre.
3. Il y a ______________________ étudiants dans le cours de français.
4. Il y a ______________________ chaises dans la classe de français.
5. Il y a ______________________ femmes dans la classe de français.
6. Il y a ______________________ hommes dans la classe de français.

2-9 Ce n'est pas possible! Correct the illogical statements by changing the words in italics.

MODÈLE: Ma mère a *quatorze* ans.
Ma mère a quarante-six ans.

1. Ma grand-mère a *trente-cinq* ans.

   ____

2. Dans ma famille, il y a *cinquante* filles, *trente-deux* chats et *quatre-vingts* chiens.

   ____

3. Le président des États-Unis d'Amérique a *seize* ans.

   ____

4. Mon prof de français a *vingt* ans.

   ____

5. Mon père a *trente et un* ans.

   ____

FORMES ET FONCTIONS

1. Le verbe avoir

2-10 La famille. Tell how many family members or pets each person has.

MODÈLE: Ma grand-mère ***a huit petits-enfants et deux arrières petits-enfants.***

1. Mon oncle ______________________________
2. Je/J' ______________________________
3. Ma sœur et moi, nous ______________________________
4. Mes grands-parents ______________________________
5. Ma tante ______________________________
6. Mon père ______________________________

2-11 Qu'est-ce qu'il y a dans les sacs à dos? Imagine what the following people have in their backpacks.

MODÈLE: Dans votre sac à dos, vous ***avez des cahiers, un stylo et trois livres.***

1. Dans son sac à dos, mon frère ______________________________
2. Dans leurs sacs à dos, mes amis ______________________________
3. Dans nos sacs à dos, nous ______________________________
4. Dans mon sac à dos, je/j' ______________________________
5. Dans ton sac à dos, tu ______________________________
6. Dans son sac à dos, mon prof ______________________________

2. Les adjectifs possessifs au pluriel

2-12 C'est qui? You are trying to figure out the relationships between various members of the Brunet family. Answer the questions below, following the model and using the family tree on p. WB13 as a guide.

MODÈLES: Voici Annick Roy et Yves Brunet, mais qui est Madeleine Brunet?
C'est leur mère.

Voici Yves et Micheline Brunet, mais qui sont Fabienne, Éric et Stéphane?
Ce sont leurs enfants.

1. Voici Fabienne, Éric et Stéphane, mais qui sont Loïc et Hélène?

   ____

2. Voici Loïc et Hélène, mais qui est Jean-Pierre Brunet?

   ____

3. Voici Éric et Stéphane, mais qui est Fabienne?

   ____

4. Voici Annick et Paul Roy, mais qui sont Éric et Stéphane?

   ____

5. Voici Loïc et Hélène, mais qui est Yves Brunet?

   ____

Nom: ______________________________ **Date:** ____________________

2-13 Au parc. Paul has run into his French teacher while taking his nephews for a walk in the park. She has just dropped a book, which Paul returns to her. Complete their conversation with the correct form of the possessive adjective.

PAUL: Excusez-moi, c'est _votre_ livre, madame?

LE PROF: Oui, merci Paul. Ce sont (1)__________ enfants? Ils sont adorables.

PAUL: Non, non, non. Ce sont (2)__________ neveux. (3)__________ mère, c'est ma sœur. Ils sont jumeaux.

LE PROF: Des jumeaux! C'est intéressant. Mon mari et moi, nous avons des jumelles aussi. (4)__________ filles s'appellent Mireille et Michelle.

PAUL: Ah bon? (5)__________ filles ont quel âge?

LE PROF: Elles ont vingt et un ans. Elles sont étudiantes à la fac (*university*). (6)__________ frère a dix-sept ans. Et (7)__________ neveux, ils ont quel âge?

PAUL: Ils ont bientôt trois ans.

ÉCRIVONS

2-14 Un formulaire. When you travel to a foreign country, one of the first things you need to do is fill out forms—customs forms, information forms, etc. Imagine that you're applying to a study program in a French-speaking country.

A. Avant d'écrire. Make a list, on a separate sheet of paper, of the kind of information that you expect you will need to supply.

B. En écrivant. Now fill in the application with your personal information.

ÉTUDES À L'ÉTRANGER
Fiche de demande de renseignements

Nom: ______________________ Prénom: ______________________

Date de naissance: ______________________ Lieu de naissance: ______________________

Nationalité: ______________________

Sexe: ___masculin ___féminin État civil: ___célibataire ___marié(e)

Si vous êtes marié(e), indiquez

Le nom du conjoint ______________________

Le nombre d'enfants ________ Âge(s) ______________________

Adresse personnelle (numéro, rue, ville, code postal)

____

____

Téléphone ______________________

C. Après avoir écrit. Look over your form to make sure you have filled it out completely and that all the information you have provided is correct.

Leçon 3 Nos activités

POINTS DE DÉPART

2-15 Une semaine en famille. Indicate what the various members of the Dupont family are doing this week.

MODÈLE: Mme Dupont *travaille dans le jardin.*

1. M. Dupont ____________________

2. Yvonne ____________________

3. Mme. Dupont ____________________

4. M. Dupont ____________________

5. Simon ____________________

6. Yvonne ____________________

7. La famille ____________________

2-16 La semaine. Write each of the following activities next to the day of the week on which you usually do them.

chanter dans une chorale	dîner au restaurant	dîner en famille	écouter de la musique
jouer au foot/au golf	parler au téléphone	regarder la télé	travailler

le lundi: ____________________

le mardi: ____________________

le mercredi: ____________________

le jeudi: *chanter dans une chorale*

le vendredi: ____________________

le samedi: ____________________

le dimanche: ____________________

Nom: ______________________ Date: ______________

2-17 Mes activités. Think about your schedule for the coming week and complete the chart with the days on which you have planned to do the following activities. Two spaces have been provided for you to write down your own activities. Put a star next to the days on which you always do that particular activity.

MODÈLE:

Activité	Quand?
avoir le cours de français	****lundi, mercredi, vendredi***
travailler	****mardi, jeudi***
regarder un film à la télé	***samedi soir***

À vous

Activité	Quand?
avoir le cours de français	
travailler	
regarder un film à la télé	

2-18 Mon emploi du temps. Using your responses to exercise 2-17, write a short paragraph about your activities on a separate sheet of paper.

MODÈLE: ***J'ai mon cours de français le lundi, le mercredi et le vendredi. Le mardi et le jeudi, je travaille. Le week-end, je ne travaille pas. Samedi soir, je regarde un film à la télé. Dimanche, je...***

FORMES ET FONCTIONS

1. Le présent des verbes en –er et la négation

2-19 Des activités. What do the following people do at the times indicated?

MODÈLE: Le week-end, ***je joue au foot avec mes amis.***

1. Quand je suis chez mes parents, je/j' ______________________
2. Le matin, nous ______________________
3. Le soir, mon/ma camarade de chambre ______________________
4. Quand je n'ai pas de devoirs, je/j' ______________________
5. Le week-end, mes parents ______________________
6. L'après-midi, mon prof de français ______________________

2-20 La semaine d'Yvonne. Yvonne has left her calendar at your house and wants to confirm, over the telephone, the activities she has planned for the week. Looking at her calendar, answer her questions and tell her what she has planned.

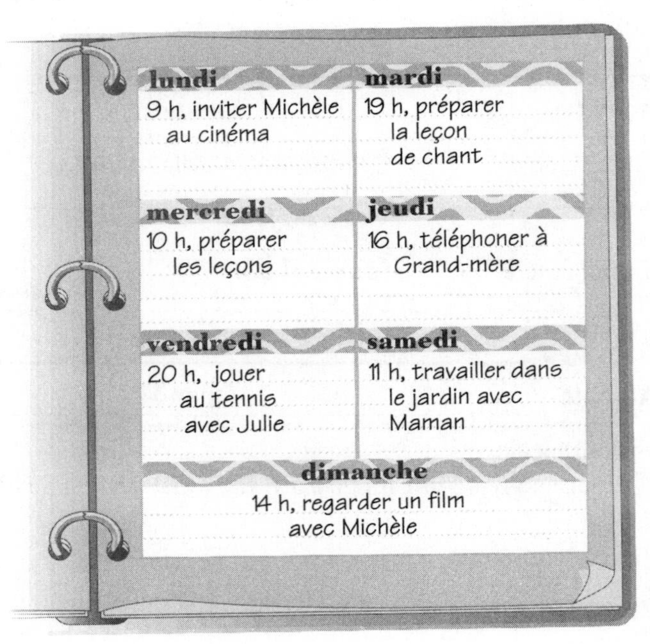

lundi
9 h, inviter Michèle au cinéma
mardi
19 h, préparer la leçon de chant
mercredi
10 h, préparer les leçons
jeudi
16 h, téléphoner à Grand-mère
vendredi
20 h, jouer au tennis avec Julie
samedi
11 h, travailler dans le jardin avec Maman
dimanche
14 h, regarder un film avec Michèle

MODÈLES: Je regarde un film samedi?

Non, tu ne regardes pas de film samedi. Michèle et toi, vous regardez un film dimanche.

Je prépare mes leçons lundi?

Non, tu ne prépares pas tes leçons lundi. Tu prépares tes leçons mercredi.

1. Je joue au tennis mercredi? Non, tu ne joue pas au tennis mercredi. Julie et toi, vous jouez au tennis vendredi.
2. J'invite Julie au cinéma? Non, tu ne invites pas Julie au cinéma. Tu invites Michèle au cinéma.
3. Je travaille dans le jardin dimanche? Non, tu ne travailles pas dans le jardin dimanche. Tu travailles dans le jardin samedi.
4. Je prépare ma leçon de chant lundi? Non, tu ne prépares pas ta leçon de chant lundi. Tu prépares ta leçon de chant mardi.
5. Je téléphone à Michèle jeudi? Non, tu ne téléphones pas à Michèle jeudi. Tu téléphones à Grand-mère.

Nom: ______________________________ Date: ____________________

2. *Les questions*

2-21 La curiosité. You've just met a really interesting person from a Francophone country. Using the verbs given, ask yes-no questions to find out more about his/her life.

MODÈLE: regarder la télé: ***Est-ce que tu regardes la télé le soir?***

1. travailler: ______________________________
2. jouer de la guitare: ______________________________
3. jouer au foot: ______________________________
4. avoir une famille nombreuse: ______________________________
5. écouter de la musique à la radio: ______________________________
6. avoir un numéro de téléphone: ______________________________

2-22 Ce n'est pas vrai. Your annoying cousin doesn't think that you do anything. Set the record straight by answering her questions.

MODÈLE: Tu ne parles pas français?
Si, je parle français. OU ***Non, je ne parle pas français.***

1. Tu n'es pas étudiant/e? ______________________________
2. Tu ne prépares pas tes leçons? ______________________________
3. Tu ne travailles pas le week-end? ______________________________
4. Tu n'aimes pas le rap? ______________________________
5. Tu n'as pas d'amis? ______________________________
6. Tu ne joues pas au golf? ______________________________
7. Tu n'invites pas ton prof de français à dîner? ______________________________

ÉCRIVONS

2-23. Mon agenda. Like their American counterparts, busy French students keep a date book or desk calendar to jot down appointments and plans.

A. Avant d'écrire. Here is a page from a French desk calendar for your own use.

1. Begin by filling in the current month and this week's dates.
2. Next, note your appointments and activities for the week.

La semaine du ________________					
LUNDI ____	**MARDI** ____	**MERCREDI** ____	**JEUDI** ____	**VENDREDI** ____	**SAMEDI** ____
					DIMANCHE ____

B. En écrivant. On a separate sheet of paper, write a paragraph describing your week to include in a letter to a friend or family member.

MODÈLE: *Cette semaine, j'ai beaucoup d'activités. Lundi matin, j'ai rendez-vous avec mon prof de français. Le soir, je joue au golf avec mon camarade de chambre, Thomas. Mardi, je...*

C. Après avoir écrit. Exchange your work with a classmate and read each other's paragraphs. Then write one or two sentences on the bottom of your classmate's paper, commenting on his or her activities, and return it.

MODÈLE: *Moi aussi, je joue au golf, mais avec mon cousin Christophe!*

Nom: ______________________ Date: ______________

LISONS

2-24 Le carnet.

A. Avant de lire. This text is from a French newspaper. Look it over before you read, in order to answer the following questions.

1. Which section of the paper do you think this text would appear in?

____

2. Is there a similar section in the newspaper you read regularly?

____

3. If so, what kind of information do you find there?

____

____

B. En lisant. Now, as you read, look for and supply the following information.

1. Who has just been born?

____

2. Who is getting married?

____

3. Who has made their union official through a **PACS (Pacte Civil de Solidarité)**

____

4. Who has died?

____

5. Which parents have a set of twins? What are the names of the twins?

____

6. Which couple is thinking of their family and friends unable to attend the ceremony? How do you know?

____

____

7. What did the person who died do for a living?

____

C. Après avoir lu. Reread these announcements, then answer these questions, in English, on a separate sheet of paper.

1. What do the style and tone of each announcement tell you about the person or people who wrote it? With which writer(s) would you most like to become acquainted? Why?
2. Would you place an announcement of this type in a newspaper for a special event? Why or why not?
3. Using these announcements as a model, write a simple announcement, in French, for someone you know or for a made-up character. You can choose whether to announce a birth, a wedding, or a death.

Le carnet

NAISSANCES

Hello
Lucie
est là
18 juin 2000
Claire et Bruno Toubon

■

Coucou
Yves & Pierrette
Ont choisi de venir parmi vous le 21 juin 2000, 1er jour de l'été et jour de la musique pour faire plaisir à leurs parents Simon et Simone PASCALE.

■

MARIAGES

Jean-Pierre
épouse
Françoise
GIRARDOT épouse DUMONT
Une pensée à nos parents et ami(e)s absents pour cet événement.

PACS

Cela s'en tamponne*, mais
Olivier Ménard
et
Jean-Philippe Dupont
ont pacsé le 16 juin 2000

DÉCÈS

Mme Isabelle CHARNIERE
et sa fille, Cécile,
ont le chagrin de vous faire part du décès de
Mme Pierre
de la GARONNIERE
née Claire ROTET
professeur d'Université
à la faculté
de Grenoble,
survenu le 19 juin 2000.
Ses obsèques ont eu lieu le samedi 24 juin 2000 au cimetière de Besneaux.

■

Informations et tarifs
Tél.: 01 42 47 93 06

**to receive an official stamp*

Venez chez nous! Le français en Louisiane

2-25 Faits divers. How much do you know about Louisiana? Take the quiz below and identify the people, places, or things associated with Louisiana. You may consult your textbook or visit the ***Chez nous*** website for links to help you find the information you need.

__*e*__	**1.** le pélican	**a.** l'inspiration pour le nom de la Louisiane
______	**2.** Mardi Gras	**b.** la musique cadienne
______	**3.** Bâton Rouge	**c.** l'explorateur qui a nommé la Louisiane
______	**4.** le CODOFIL	**d.** la cuisine louisianaise
______	**5.** James Domengeaux	**e.** le symbole de la Louisiane
______	**6.** Robert de LaSalle	**f.** une fête importante en Louisiane
______	**7.** le roi Louis XIV	**g.** le triangle francophone
______	**8.** le zydeco	**h.** le fondateur du CODOFIL
______	**9.** le gombo et les beignets	**i.** la capitale de la Louisiane
______	**10.** le sud-ouest de la Louisiane	**j.** le Conseil pour le Développement du Français en Louisiane

Nom: ____________________ Date: ____________________

2-26 Le CODOFIL. You have seen references to an organization in Louisiana called CODOFIL. But what exactly is this organization and what do they do? Visit the ***Chez nous*** website for links to more information about this group and fill in the following chart with what you learn.

Le CODOFIL	
Full name:	
Founded by:	
Founded in:	
Status:	
Mission:	
Projects:	

2-27 Allons en Louisiane! Have you ever been to Louisiana? What was it like? Did you experience any of the elements mentioned in the textbook, the workbook, or on the ***Chez nous*** website? On a separate sheet of paper, write a short description of your visit(s) to Louisiana and what (if any) French influences you noted. If you have not yet visited Louisiana, do you think you would like to go, based on what you have learned here and what you have heard? Why or why not? What would you most like to see or experience? Write your thoughts on a separate sheet of paper.

Pour aller plus loin: To learn more about French in Louisiana, the state of Louisiana, or to plan a trip there, visit the ***Chez nous*** website for helpful links.

Pour réviser: Visit the ***Chez nous*** website and the ***Chez nous*** CD-ROM for self-correcting exercises that will help you review what you have learned in this chapter.

Nom: ______________________________ Date: ____________________

Leçon 2 Nos loisirs

POINTS DE DÉPART

3-8 Le week-end. Based on the drawings, tell what everyone is doing this weekend.

MODÈLE:

Ils jouent au foot.

1.

2.

3.

4.

5.

1. ____
2. ____
3. ____
4. ____
5. ____

3-9 Vive le week-end! Complete the sentences to tell what these people do on the weekend.

MODÈLE: Ma grand-mère ***reste chez elle. Elle regarde la télé.***

1. Moi, je/j' ______________________________
2. Ma sœur ______________________________
3. Mes parents ______________________________
4. Mes amis et moi, nous ______________________________
5. Mon prof de français ______________________________
6. Et vous? Vous ______________________________?

FORMES ET FONCTIONS

1. Les verbes comme préférer et l'emploi de l'infinitif

3-10 Les activités préférées des stars. Imagine what the following people like to do.

MODÈLE: Ray Lewis: ***Il aime beaucoup jouer au football américain.***

1. Serena et Venus Williams: Elles aiment jouer au tennis.
2. Shaq O'Neal: Il aime jouer au basket.
3. Ray Charles: Il aime jouer du piano.
4. The Frugal Gourmet: Il aime préparer le dîner.
5. Tiger Woods: Il aime jouer au golf.
6. Mia Hamm: Elle aime jouer au foot.

3-11 Des suggestions. Hervé et Colette have some free time this week-end but cannot decide what to do. Imagine what the following people would suggest, based on their own interests. A list of possibilities is provided.

un concert de musique classique
un dîner avec des amis
un dîner au restaurant
un film à la télé
un film au cinéma
le Scrabble
un match à la télé
un match de tennis

MODÈLE: Marc préfère rester à la maison. Il *suggère un film à la télé.*

1. J'adore les restaurants chics. Je suggère un dîner au restaurant.
2. Sylvain adore les jeux de société. Il suggère le Scrabble.
3. Nous sommes très sportifs. Nous suggérons un match de tennis.
4. Tu adores les nouveaux (*new*) films. Tu suggères un film au cinéma.
5. Les Colin aiment regarder le sport à la télé. Ils suggèrent un match à la télé.
6. Vous adorez Mozart et Beethoven. Vous suggérez un concert de musique classique.
7. Magdalena aime inviter des amis. Elle suggère un dîner avec des amis.

Nom: ______________________ Date: ______________

ÉCRIVONS

3-15 Bienvenue chez nous. You've been drafted to write a welcoming letter to the exchange student from Belgium your family will be hosting for a month.

A. Avant d'écrire. Follow the steps outlined below, in French, on a separate sheet of paper.

1. Make a list of the members of your family.
   (for example: *moi, ma mère, mon père, ma sœur Lynn*)
2. Include two or three descriptive adjectives for each one.
   (for example: *ma mère: dynamique, sociable; ma sœur Lynn: très sociable, petite, sportive; mon père: intelligent, ambitieux, drôle; moi: sympa, sociable, énergique*)
3. List about four activities that you and your family enjoy and one or two that you do not like.
   (for example: *oui: jouer au volley, jouer aux cartes, regarder des films; non: jouer du piano*)
4. Make a list of questions you would like to ask the exchange student.
   (for example: *Est-ce que tu aimes le sport? Quels sports?*)

B. En écrivant. Compose a letter that (1) provides information about you and your family, (2) tells about your activities, and (3) asks your questions.

MODÈLE: *Chère Bénédicte,*

Je m'appelle Marie-Louise. J'ai une sœur, une mère et un père. Ma sœur Lynn est petite et très sociable. Elle est sportive aussi...

Ma famille et moi, nous aimons jouer au volley, mais nous préférons jouer aux cartes... Ma sœur adore... mais moi je préfère... Je n'aime pas jouer du piano.

Et toi? Est-ce que tu aimes le sport? Quels sports est-ce que tu préfères?

Amitiés,
Marie-Louise

C. Après avoir écrit. Reread your letter. How did you organize it? Did you write about one person per paragraph or did you write about all the members of your family in one paragraph? Is your organization easy for the reader to follow? If not, you might consider changing the order of some of the elements. Did you include all the information requested? Check that the adjectives you used agree in number and gender with the person being described. Finally, double-check that you used the expression **jouer à** with sports and leisure activities and **jouer de** with musical instruments.

Leçon 3 Nous allons à la fac

POINTS DE DÉPART

3-16 Une visite guidée. Imagine that you are visiting a university campus for the first time. You are in the back of the group and do not hear everything the guide says. Complete his comments by supplying the missing words.

Et nous voici devant *le stade* où notre équipe de football joue tous ses matchs. Juste en face du stade, vous voyez (1)_______________ où les étudiants peuvent nager. Ils peuvent aussi jouer au basket ou faire de la danse aérobique dans (2)_______________. Et ici, nous avons quelques (3)_______________ où les étudiants habitent. Souvent, ils mangent au (4)_______________ en face. Beaucoup d'étudiants préfèrent travailler à (5)_______________ où ils peuvent consulter sur place des dictionnaires, des journaux et des magazines. Ils peuvent aussi utiliser des ordinateurs au (6)_______________ qui se trouve ici. Pour acheter leurs livres, des cahiers, des crayons et des stylos, les étudiants vont à (7)_______________ qui se trouve à côté de nous.

3-17 Pour quoi faire? Explain why one would be at the following places.

MODÈLE: On est à la bibliothèque *pour travailler.*

1. On est au labo de langues _______________
2. On est au resto U _______________
3. On est au terrain de tennis _______________
4. On est à la piscine _______________
5. Je suis au stade _______________
6. Je suis dans le bureau du prof _______________
7. Je suis au café avec mes amis _______________

Nom: ______________________ **Date:** ______________________

ÉCRIVONS

3-23 L'échange. Imagine that a group of French university students will soon be visiting your campus for a two-week exchange. You have been paired with a student and have been corresponding by e-mail. As the date for the visit approaches, you have received this e-mail to which you must respond:

Salut,

Nous arrivons bientôt aux USA. Comment est le campus de ton université? Ici, en France, on n'a pas vraiment de campus. Où est-ce que tu vas d'habitude sur le campus pendant la semaine? Où est-ce que nous allons aller pendant notre séjour?

À bientôt, Florian

A. Avant d'écrire. Before replying to this e-mail, complete the following activities on a separate sheet of paper.

1. Write two to three adjectives in French to describe your campus.
   (for example: *joli, grand...*)
2. Make a list, in French, of places on your campus.
   (for example: *le stade, la piscine, la bibliothèque...*)
3. Make a list, in French, of things your campus doesn't have.
   (for example: *il n'y a pas de musée...*)
4. Think about where you usually go on campus during a normal week. Go back to the list you made in (2) and place a check mark next to those places.
5. Where do you plan to go with your exchange visitor? Go back to (2) and put a star next to those places.

B. En écrivant. Reply to the e-mail. Start with **Salut** or **Bonjour**. Continue with a general description of your campus that includes the various facilities you have and do not have. Then talk about where you usually go and where you are going to go with your visitor.

MODÈLE: *Bonjour, notre campus est très joli et assez grand. Il y a un stade, une grande piscine... mais il n'y a pas de musée sur le campus. Ma sœur est étudiante à... et il y a un beau musée d'art moderne sur son campus...*

En semaine, je vais souvent à la bibliothèque pour travailler et trois fois par semaine à la piscine pour nager. Tu aimes nager? Pendant ta visite, nous allons aller au stade samedi après-midi parce qu'il y a un match de football américain. Est-ce que tu aimes le football américain?...

C. Après avoir écrit. Check your e-mail to make sure that you have answered all of your correspondent's questions. Did you describe every building on campus or did you make a selection? If you listed every building, you may want to go back and think about taking out a few places. Your e-mail should not be a long list of items. Rather you should focus on the highlights of your campus and/or the things you think would interest a French university student coming to visit your campus. Before turning in your work, make sure that the subjects and verbs agree and that any adjectives you have used agree in gender and number with the noun.

Nom: ______________________________ Date: ____________________

LISONS

3-24 L'homme idéal vu par les femmes françaises.

A. Avant de lire. This text is from a newspaper article. In the first sentence, you will see the expression **l'hebdomadaire féminin**. This means a *weekly women's magazine*. Before reading, answer the following questions.

1. Look at the title of this brief article. What does it tell you about the subject? ____________________

____

2. What qualities might you expect to find described in an article about the *ideal man*? ____________________

____

3. What does the fact that percentages appear in the text suggest about the source of the information? What do you think **le sondage** means? ____________________

____

L'homme idéal vu par les femmes françaises

L'homme idéal vu par les Françaises doit avant tout être intelligent, gentil, drôle et tendre, selon un sondage publié par l'hebdomadaire féminin *Voici.*

Selon ce sondage, parmi les qualités qui attirent le plus les femmes chez un homme figurent l'intelligence (citée en premier par 25% des femmes), la gentillesse (24%), l'humour (14%) et la tendresse (6%).

Les beaux gosses machos et les Pic de la Mirandole ne rencontrent par contre que peu de crédit auprès des femmes: la beauté est citée seulement en premier cas par 5% des femmes, la culture et le savoir par 1% de même que l'homme qui "assure" matériellement ou sexuellement.

Extrait du "Journal français d'Amérique" vol. 15, no. 6

B. En lisant. As you read, look for the following information.

1. Find the published source of the information contained in the article. How is this source described?

____

____

2. Find the four attributes that received the highest percentages. ____

____

3. The article also mentions some characteristics that were rated lower than might be expected. What are those?

____

____

4. The final paragraph mentions two types of men. These types are each related to a noun or nouns to help describe them:

   les beaux gosses machos = la beauté

   les Pic de la Mirandole = la culture, le savoir

   Notice that one of these is the name of an actual person. Giovanni Pico della Mirandola was a 15th-century Italian humanist, a philosopher and theologian distinguished for the breadth of his knowledge. What person's name might an American use to imply that someone is extremely intelligent?

____

C. Après avoir lu. Now that you've read the article, answer the following questions on a separate sheet of paper.

1. How do you think American women might respond to the same survey? What adjectives might they use to describe the ideal man?
2. Now think about the ideal woman. What adjectives do you think American men would use most often to describe the ideal woman? Do you think French men would use the same adjectives? Why or why not?

Venez chez nous! Vive le sport!

3-28 Les champions. The Francophone world is host to many sporting events. Match each event below with its sport. A sport may be used for more than one event. You may wish to visit the ***Chez nous*** website for links to relevant websites. Number one has been completed for you as an example.

___c___	1. la Coupe du Monde	a. le hockey
______	2. Roland-Garros	b. le patinage artistique
______	3. le Tour de France	c. le football
______	4. le Paris-Dakar	d. le golf
______	5. la Coupe Stanley	e. le cyclisme
______	6. le Trophée Lancôme de Paris	f. le rallye
______	7. la Coupe d'Afrique des Nations	g. le tennis

_______ **8.** le Trophée Lalique

3-26 La pétanque. This game originated in the south of France and is still associated with that region, although it is now played in many countries around the world. Visit the ***Chez nous*** website for links to learn more about this sport and fill out the chart below with the information you find. Then, answer the following questions on a separate sheet of paper.

	La pétanque
Number of players:	
Equipment needed:	
Playing surface:	
How to play:	

1. Could you play **la pétanque** in the United States? Where? Where could you get the necessary equipment?
2. Do you know or have you played any games that resemble **la pétanque**? What are they called?

3-27 Dakar. The **Paris-Dakar** automobile rally finishes in Dakar each year. Dakar is a major city in West Africa. Find out more about this city, and on a separate sheet of paper, write a two- to three-paragraph description of the city for someone who is interested in visiting it. You may consult an atlas, do a search on the Web or visit the ***Chez nous*** website for links, and consult other written sources for information. You may want to include information about: the population, the geographic location of the city, the climate, how to get there, what to visit once there, the local language(s), and sports and leisure activities you could enjoy in the city.

Pour aller plus loin: To learn more about sports and sporting events in the Francophone world, visit the ***Chez nous*** website for helpful links.

Pour réviser: Visit the ***Chez nous*** website and the ***Chez nous*** CD-ROM for self-correcting exercises that will help you review what you have learned in this chapter.

Nom: ______________________ Date: ______________

Leçon 2 Choix de carrière

POINTS DE DÉPART

4-9 Quelle profession? On the lines provided, indicate the professions of the people shown and where they work.

MODÈLE: *un médecin, à l'hôpital*

1. ______________________
2. ______________________
3. ______________________

4. ______________________
5. ______________________
6. ______________________

7. ______________________
8. ______________________
9. ______________________

4-10 Mille et une possibilités. Based on the descriptions, suggest professions that might be appropriate for each person below.

MODÈLE: Margot a une spécialisation en maths et un mineur en français.
comptable dans une banque internationale ou peut-être prof de maths au Québec

1. Céline prépare un diplôme en biologie et elle aime bien le contact avec le public.
____
2. Xavier s'intéresse à ses cours d'histoire et il adore parler de ses opinions.
____
3. Michèle aime travailler avec les mains.
____
4. Benoît préfère un travail où on est autonome.
____
5. Lise désire avoir un bon salaire et beaucoup de responsabilités.
____
6. votre meilleur/e ami/e
____

FORMES ET FONCTIONS

1. C'est et il est

4-11 Les stéréotypes professionnels. Imagine what the people who hold the following jobs are probably like.

MODÈLE: une actrice: *C'est une jolie femme. Elle est très énergique et pas du tout timide.*

1. un comptable: ____
2. une vendeuse: ____
3. un technicien: ____
4. un professeur: ____
5. une ouvrière: ____

Nom: ______________________ Date: ______________

4-12 **Choix de carrière.** Describe the kind of work your family and friends do and why.

MODÈLE: votre frère: ***Mon frère est infirmier. Il travaille dans une clinique à New York. C'est un homme très patient et calme, et il adore le contact avec les enfants.***

1. votre mère: ______________________
2. votre meilleur/e ami/e: ______________________
3. votre frère ou sœur: ______________________
4. votre tante ou oncle préféré/e: ______________________

2. *Les verbes devoir, pouvoir et vouloir*

4-13 **Des conseils.** Offer appropriate advice to the various people mentioned below.

MODÈLE: Demain j'ai un examen dans mon cours de français.
Tu ***dois absolument travailler à la bibliothèque ce soir!***

1. Adèle a une interview avec IBM la semaine prochaine.
   Elle ______________________
2. Gisèle et Janine voyagent en Afrique cet été.
   Elles ______________________
3. Marc et moi, nous regardons un film ce soir.
   Vous ______________________
4. Nos amis désirent trouver un travail avec un très bon salaire.
   Ils ______________________

4-14 Les invitations et les obligations. Unfortunately, we can't always do what we want to do. Explain why the following people cannot do what they want to do.

MODÈLE: Isabelle / aller à la piscine / préparer un examen
Isabelle veut aller à la piscine, mais elle ne peut pas. Elle doit préparer un examen.

1. Tu / travailler dans le jardin / terminer les devoirs

____

____

2. Jean-Luc et Marie-Claire / aller au cinéma / dîner chez leurs grands-parents

____

____

3. Mes amis et moi / rester chez nous / aller en classe

____

____

4. Paul / jouer au tennis avec ses amis / aller chez le dentiste

____

____

5. Ton père et toi / regarder un match de basket / aller au concert de ta sœur

____

____

6. Je / ? / ?

____

____

Nom: ______________________ Date: ______________________

ÉCRIVONS

4-15 Avis aux étudiants. You are working at the career center at your school and have an idea for a new advice column for students who have questions about their future careers. To sell the idea, you must present a sample column to your supervisor with a sample question and an appropriate response.

A. Avant d'écrire. Complete the following activities on a separate sheet of paper before beginning to write your sample.

1. Imagine that you are a student looking for a future career and make a list, in French, of three qualities you looking for in your career.
   (for example: *un travail intéressant, un bon salaire...*)
2. Now, make a list in French, of the skills and/or personal interests you bring to your search for a suitable career.
   (for example: *je travaille beaucoup, j'aime aider les gens...*)
3. Looking over the qualities you listed in (1) and the skills you listed in (2), suggest, in French, two or three suitable careers.
   (for example: *médecin, infirmier...*)
4. Write down in French, one or two things that you should do to prepare for the type of career suggested in (3).
   (for example: *étudier la biologie, les sciences...*)

B. En écrivant. First, looking at the information in (1) and (2) above, write a letter from a student seeking career advice. Then looking at the information you provided for (3) and (4), write a brief answer.

MODÈLE: QUESTION: ***Je veux un travail intéressant avec un bon salaire. J'aime aider les gens et je peux travailler beaucoup. Je ne veux pas un travail où on est très autonome... Je suis assez patient et je suis généreux. J'étudie la biologie et les sciences naturelles, mais je n'aime pas travailler au laboratoire. Est-ce que vous pouvez m'aider?***

RÉPONSE: ***Je suggère une carrière médicale. Vous pouvez être médecin ou infirmier si vous voulez travailler avec les gens. Vous ne devez pas être technicien si vous ne voulez pas travailler au laboratoire. Vous devez continuer vos études de biologie. Vous pouvez...***

C. Après avoir écrit. Reread your question to see if it is plausible. If you used the verbs **vouloir, pouvoir**, or **devoir**, make sure that you have used the correct forms of these verbs and that the verbs following them are in the infinitive. Look carefully at the answer you propose. Does it respond to the question? Did you include some advice for what the student should be doing now to prepare for this career?

Leçon 3 Au travail

POINTS DE DÉPART

4-16 Un job. Your friends have come to you for advice on getting a part-time or summer job. Based on their interests and/or expectations, suggest possible jobs for them.

MODÈLE: —Je veux travailler avec des enfants pendant les vacances.
—*Tu dois chercher un travail comme moniteur dans une colonie de vacances* (summer camp).

1. —Je veux travailler à mi-temps et gagner beaucoup d'argent.
   — ______________________________
2. —Je ne peux pas travailler le soir.
   — ______________________________
3. —J'aime le contact avec le public.
   — ______________________________
4. —Je veux avoir de bons pourboires.
   — ______________________________
5. —Je ne veux pas travailler avec le public.
   — ______________________________
6. —Je peux travailler le week-end et le soir.
   — ______________________________

4-17 Les montants. You are working in a bank in France for the summer. Make out checks for the following amounts.

MODÈLE: 58 €: Payez contre ce chèque *cinquante-huit euros*
somme en toutes lettres

1. 1 201 €: Payez contre ce chèque ______________________________
   somme en toutes lettres
2. 295 €: Payez contre ce chèque ______________________________
   somme en toutes lettres
3. 489 €: Payez contre ce chèque ______________________________
   somme en toutes lettres
4. 176 €: Payez contre ce chèque ______________________________
   somme en toutes lettres
5. 200 €: Payez contre ce chèque ______________________________
   somme en toutes lettres

Nom: ______________________ Date: ______________

FORMES ET FONCTIONS

1. *Les verbes en –re*

4-18 Les visites en famille. Who are the following people likely to visit at the times indicated?

MODÈLE: moi / pour la Saint-Valentin
Je rends visite à mon copain/ma copine.

1. mon frère / le dimanche ______________________
2. mes parents / en juillet ______________________
3. mes cousins / pour Noël ______________________
4. mon ami/e et moi / le week-end ______________________
5. moi / pour la Fête des mères ______________________

4-19 Pendant la journée. Use the following verbs to create sentences telling what different people do during the course of the day: **attendre, descendre, rendre, rendre visite à, vendre, répondre à**.

MODÈLE: le représentant/ son produit *Le représentant vend son produit.*

1. les étudiants / leurs devoirs au prof ______________________
2. nous / le médecin ______________________
3. la secrétaire / au téléphone ______________________
4. moi / en ville pour travailler ______________________
5. vous / vos amis ______________________

2. *La modalité: **devoir, pouvoir** et **vouloir** au conditionnel*

4-20 La loterie. Your friends, Delphine and Vincent, play the lottery and have just won 100,000 euros. Give them some suggestions about what they could do with their money.

MODÈLES: à Delphine: *«Tu pourrais acheter une nouvelle voiture.»*
à Delphine et Vincent: *«Vous pourriez voyager à Paris.»*

1. à Delphine: «______________________»
2. à Vincent: «______________________»
3. à Vincent: «______________________»
4. à Delphine et Vincent: «______________________»
5. à Delphine: «______________________»
6. à Delphine et Vincent: «______________________»

4-21 Des suggestions. Your friends have come to you for advice. Based on their situations, give them some advice.

MODÈLE: Je voudrais acheter une voiture, mais je n'ai pas assez d'argent.
«Tu devrais trouver un travail à mi-temps pour gagner de l'argent.»

1. Je voudrais travailler avec des enfants, mais j'ai des cours l'après-midi.

   «____»

2. Nous voudrions voyager au Canada, mais nous ne parlons pas français.

   «____»

3. Nous voudrions devenir avocats avec des carrières internationales.

   «____»

4. Je voudrais avoir un bon salaire, mais je n'aime pas beaucoup travailler.

   «____»

5. Je voudrais avoir de meilleures notes.

   «____»

Nom: ______________________________ **Date:** ____________________

ÉCRIVONS

4-22 Trouver un emploi. You have just had an interview for a summer internship in Quebec. Write a thank-you letter to the woman who interviewed you and reiterate why you are the best person for the position.

A. Avant d'écrire. Before you begin, complete the following activities in French on a separate sheet of paper.

1. Describe the position you would like to have.
   (for example: *comptable dans une banque, moniteur ou monitrice dans une colonie de vacances* (camp counselor*), vendeur ou vendeuse dans un magasin* (store)*, assistant/e pour un avocat, secrétaire médicale...*)
2. Make a list of your qualifications.
   (for example: *responsable, énergique*)
3. Establish the link between your course work and this position.
   (for example: *spécialisation en maths avec un mineur en français*)

B. En écrivant. On a separate sheet of paper, write your letter using the information you provided above. End your letter by saying that you are going to visit Quebec and would be happy to meet again to continue discussing the possibility of the internship.

MODÈLE: *Madame,*

Je voudrais vous remercier pour l'interview de lundi après-midi. Je voudrais travailler comme comptable dans votre banque à Québec. Je suis responsable et très énergique ... J'étudie les maths et aussi le français et je travaille à mi-temps... Je vais à Québec le mois prochain et nous pouvons continuer notre discussion si vous voulez.

Je vous adresse, Madame, mes salutations les plus respectueuses.

Michael Saunders

C. Après avoir écrit. Reread your letter. Did you include all the information you prepared in exercise A? Did you begin and end your letter like the example in the model? If not, you should revise your letter to make it the same. In French, a very formal protocol is used to open and close letters. Reread your letter one more time to make sure that you have not made any spelling errors and that the verbs you have used agree with their subjects in person and number and that the adjectives you've used agree with the nouns they modify in person and number.

LISONS

4-23 Journal d'un criminologue angoissé.

A. Avant de lire. This passage is from the novel *L'Ange Aveugle* (*The Blind Angel*) by Tahar Ben Jelloun, a Moroccan writer. In this excerpt one of the main characters, Emilio, who is involved in police work, describes his profession. Before you read, answer these questions in English.

1. What kinds of information would you expect Emilio to provide about his profession?

   ____

   ____

   ____

2. Knowing that Emilio is a criminologist, what type of extra information would you expect?

   ____

   ____

B. En lisant. As you read, provide the following information in English.

1. Mention at least three specific things that Emilio does in his line of work.

____

____

2. List two other professionals with whom he works.

____

____

3. Emilio fills out a form at each crime scene he visits. He forgot his briefcase today and needs to recreate one. Help him by writing down the general categories mentioned in the passage.

FICHE DU CRIMINOLOGUE	
(1) *NOM:*	(5)
(2) *prénom:*	(6)
(3)	(7)
(4)	(8)

C. Après avoir lu. Now that you've read the text, complete these activities on a separate sheet of paper. Answer in English unless otherwise indicated.

1. How did Emilio's description of his profession and day-to-day activities compare to the information you expected him to provide? Did anything surprise you? What?
2. After reading Emilio's description of his profession, what kind of person do you think he is? Write a short portrait of him in French.

JOURNAL D'UN CRIMINOLOGUE ANGOISSÉ

D'abord la technique: remonter le film de l'événement, nommer les lieux, l'heure précise, l'arme utilisée, le calibre des balles ..., l'âge, le nom et le prénom, la profession, la réputation ... classer tout cela dans un dossier....

Cela est mon travail. Je suis criminologue. Je suis fonctionnaire du ministère de la Justice. Je dois être disponible pour fournir toutes ces informations le plus rapidement possible. Je fais des fiches. Je les classe. Je les analyse au bout d'un certain temps, après une année en général. Je communique mes conclusions aux sociologues, à l'observatoire universitaire de la camorra, à certains journalistes, à la police éventuellement.

SOURCE: TAHAR BEN JELLOUN, *L'ANGE AVEUGLE*

Nom: ______________________ **Date:** ______________

Venez chez nous! Présence francophone au Canada

4-24 La géographie. Canada has ten provinces and three territories, each with its own capital. Test your knowledge of Canadian geography by matching the provinces and territories with their capitals. You may wish to consult an atlas, encyclopedia, or visit the ***Chez nous*** website for links to helpful sites. The first one has been completed for you as an example.

h	**1.** l'Alberta	**a.**	Halifax
____	**2.** La Colombie-Britannique	**b.**	Yellowknife
____	**3.** L'Ile du Prince Édouard	**c.**	Québec
____	**4.** le Manitoba	**d.**	Charlottetown
____	**5.** le Nouveau-Brunswick	**e.**	Victoria
____	**6.** la Nouvelle-Écosse	**f.**	Winnipeg
____	**7.** l'Ontario	**g.**	Iqaluit
____	**8.** le Québec	**h.**	Edmonton
____	**9.** le Saskatchewan	**i.**	Toronto
____	**10.** Terre-Neuve et Labrador	**j.**	Frédéricton
____	**11.** les Territoires du Nord-Ouest	**k.**	St. John's
____	**12.** Nunavut	**l.**	Whitehorse
____	**13.** le Territoire du Yukon	**m.**	Régina

4-25 Les autres provinces. The Francophone presence in Canada is not limited to Quebec. Chose another province from the list in exercise 4-24 and do some research to fill out the chart below. You may consult an atlas, encyclopedias or visit the ***Chez nous*** website for links to help you find out more about French in Canada.

LA PROVINCE:
Superficie
Situation géographique
Population
Nombre de francophones
Pourcentage de francophones
Situation du français dans les écoles
Situation du français dans les universités

4-26 Les vacances à Québec. You have decided to spend part of your summer vacation or winter term in the city of Quebec to improve your French. With the information provided in your textbook and with the help of the links on the ***Chez nous*** website, write a paragraph of 4–5 sentences on a separate sheet of paper about what you want to do in Quebec and what you will be able to do there.

Pour aller plus loin: To learn more about French in Canada, Quebec, or to plan a trip there, visit the ***Chez nous*** website for helpful links.

Pour réviser: Visit the ***Chez nous*** website and the ***Chez nous*** CD-ROM for self-correcting exercises that will help you review what you have learned in this chapter.

Nom: ______________________ Date: ______________________

Qu'est-ce qu'on porte?

POINTS DE DÉPART

5-17 Qu'est-ce que c'est...? Identifiez les vêtements que cette dame et ce jeune homme portent.

Modèle

5-18 Les gens et les vêtements. D'après leurs descriptions, imaginez ce que les personnes suivantes aiment porter.

MODÈLE: une jeune fille de 17 ans, sociable et sympa: ***un jean, un tee-shirt et des sandales***

1. une jeune fille de 9 ans, énergique et sportive: un jean, un tee-shirt, des tennis
2. un jeune homme de 24 ans, individualiste et drôle: une robe :)
3. une femme de 35 ans, élégante et sérieuse: une jupe, un chemisier
4. un homme de 40 ans, travailleur et ambitieux: un costume, une cravate

5-19 Les couleurs et les fêtes. Quelles couleurs est-ce que vous associez avec chaque fête?

MODÈLE: le 25 décembre
le rouge et le vert

1. le 14 février le rouge
2. le 17 mars le vert
3. le 14 juillet le bleu, le blanc, et le rouge
4. le 31 octobre le noir et orange
5. du 26 décembre au 1er janvier (Kwaanza) ???

FORMES ET FONCTIONS

1. Les verbes comme acheter et appeler

5-20 Qu'est-ce qui va bien ensemble? Vos amis et vous faites du shopping pour acheter des ensembles. D'après les vêtements qu'ils ont déjà, indiquez ce que chaque personne achète.

MODÈLE: Lise (une jupe bleue)
Elle achète un chemisier rose, un collant blanc et un foulard bleu.

1. Léon (un pantalon beige)

____

2. Gilles et Guy (une veste noire)

____

3. vous (un tee-shirt vert)

____

4. Sylvie et vous (des pull-overs rouges)

____

5. toi (une robe noire)

____

5-21 Des questions personnelles. Répondez à ces questions indiscrètes.

MODÈLE: Combien de fois par semaine est-ce que vous appelez vos parents?
En général, j'appelle mes parents une fois par semaine.

1. Où est-ce que vous achetez vos vêtements?

____

2. Qui lève la main le plus souvent dans votre classe de français?

____

3. Qui est-ce que vous amenez aux fêtes?

____

4. Est-ce que vos profs épellent correctement votre nom?

____

5. Est-ce que vous jetez vos examens et devoirs corrigés à la fin du semestre?

____

6. Est-ce que votre camarade de chambre et vous achetez des choses en commun?

____

7. Combien de fois par semaine est-ce que vous appelez votre meilleur/e ami/e?

____

Nom: ______________________ Date: ______________

2. *Le comparatif des adjectifs*

5-22 Faisons du shopping! Comparez ces magasins et ces marques de vêtements. (Notez que *Le Printemps* est un grand magasin comme Bloomingdale's et que *Monoprix* et *Carrefour* sont des magasins pas trop chers comme K-Mart.)

MODÈLE: les robes de Sears / les robes de Target / cher
Les robes de Sears sont aussi chères que les robes de Target.

1. les jeans de Gap / les jeans de Old Navy / chic
Les jeans de Gap sont aussi chics que les jeans de Old Navy
2. les manteaux de Monoprix / les manteaux du Printemps / cher
____
3. les chaussures du Printemps / les chaussures de Carrefour / à la mode
____
4. les complets de chez Christian Dior / les complets de J.C. Penney's / cher
____
5. les chemisiers de Bloomingdale's / les chemisiers de Macy's / chic
____

5-23 Comparaisons. Écrivez deux ou trois phrases pour comparer chaque groupe de deux personnes.

MODÈLE: deux personnes dans votre famille
Ma sœur est plus petite que mon père. Bien sûr, mon père est plus âgé qu'elle et il est moins sportif qu'elle. Mais elle est aussi sociable que lui.

1. deux personnes dans votre famille
____
____
2. deux de vos professeurs
____
____
3. deux de vos camarades de classe
____
____

ÉCRIVONS

5-24 Madame Mode. Imaginez que vous travaillez comme stagiaire (*intern*) pour la grande spécialiste de mode, Madame Mode. Vous devez répondre à une lettre pour elle.

A. Avant d'écrire.

1. Regardez la lettre de «Jeune femme désespérée au Québec» et la réponse de Madame Mode. Quel est le problème? Quelle est la solution proposée par Madame Mode? Est-ce que vous avez des idées pour d'autres solutions à ce problème?
2. Ensuite, lisez les trois autres lettres. Choisissez la lettre qui vous intéresse le plus et faites une liste d'au moins trois solutions possibles.
3. Choisissez la solution que vous aimez le mieux.

Chère Madame Mode,

Aidez-moi. Ma sœur va se marier l'été prochain. Je suis demoiselle d'honneur et je dois porter une robe vraiment horrible. Elle est orange et noire avec des rayures. Je suis rousse et l'orange ne me va pas du tout. Avez-vous des suggestions pour moi?
—Jeune femme désespérée au Québec

Chère Désespérée,
Pas de panique! Les robes de demoiselles d'honneur sont rarement très jolies. Pour la cérémonie à l'église vous n'avez pas le choix. Mais pour la soirée, je vous suggère d'acheter une jolie veste noire très élégante. Vous pouvez porter la veste avec des perles. Vous serez plus belle que la mariée.
Bon courage!
P.S. Quand vous vous mariez, choisissez une robe verte et violette pour votre sœur!

Chère Madame Mode,

Je pars en vacances avec un groupe d'amis. Nous allons passer dix jours au Maroc. Je veux emporter des shorts et des tee-shirts mais un de mes amis dit que ce n'est pas une bonne idée pour le Maroc et que je dois m'habiller plus correctement. C'est très important pour moi d'avoir des vêtements confortables et pratiques. Qu'est-ce que je pourrais mettre dans mes valises?
—Voyageur troublé

Chère Madame Mode,

Je vais terminer mes études en communication dans six mois et je commence à chercher un bon poste pour l'avenir. À la fac, je m'habille toujours en jean. En fait, j'adore les vêtements décontractés (*casual*). Je n'ai pas beaucoup d'argent, mais ma mère me dit d'acheter des vêtements plus élégants pour passer les entretiens (*interviews*). Qu'est-ce que vous en pensez?
—Inquiète de son avenir

Chère Madame Mode,

Mon père va se remarier le mois prochain à la Martinique. Nous sommes tous invités au mariage et nous allons passer quatre jours ensemble dans un hôtel de luxe. Je voudrais être élégante mais pas trop chic et surtout je n'ai pas beaucoup d'argent pour acheter de nouveaux vêtements. Qu'est-ce que je devrais mettre dans mes valises? Avez-vous des suggestions pour moi?
—Suzanne B. de Lille

B. En écrivant. Sur une feuille séparée, rédigez la réponse de Madame Mode. Vous pouvez consulter la vraie réponse de Madame Mode (à «Jeune femme désespérée au Québec») comme modèle.

C. Après avoir écrit. Relisez votre lettre et vérifiez que toutes les idées sont là. Est-ce qu'il faut ajouter ou éliminer quelque chose? Faites les changements nécessaires. Maintenant, regardez cette nouvelle version et vérifiez la grammaire. Est-ce que tous les verbes s'accordent avec les sujets? Est-ce que les adjectifs s'accordent bien avec les noms? Est-ce que tous les accents sont bien écrits? Faites les changements nécessaires.

Nom: ____________________ Date: ____________________

LISONS

5-25 Poème d'un Africain pour son frère Blanc.

A. Avant de lire. The text you will read below is a anonymous poem written in Africa and entitled **Poème d'un Africain pour son frère Blanc.** In the poem, you will see several different tenses of the verb **être**: **étais** is in the imperfect and means *was* and **serai/seras** in the future tense means *will be*. Before reading, complete the following activities.

1. Based on the title, what do you think the poem will be about? ____________________

____

2. What colors, if any, do you associate with the following states:
   a. a newborn baby? ____________________
   b. getting too much sun? ____________________
   c. being cold? ____________________
   d. being afraid? ____________________
   e. being sick? ____________________
   f. dying? ____________________

B. En lisant. As you read, look for and supply the following information.

1. The poem sets up a contrast between the colors associated with **un Africain** and his **frère Blanc** at different stages of their lives and different states of being. Fill in the chart below with these colors.

	Un Africain	**Son frère Blanc**
at birth		
growing up		
in the sun		
cold		
afraid		
sick		
at death		

2. What point does the poet make in the last line?

____

Poème d un Africain pour son frère Blanc

Cher frère blanc
Quand je suis né° j' étais noir. — *was born*
Quand j' ai grandi° j' étais noir. — *grew up*
Quand je vais au soleil° je suis noir. — *sun*
Quand j' ai peur° je suis noir. — *am afraid*
Quand je suis malade je suis noir.
Quand je mourrai° je serai noir. — *will die*
Tandis que toi homme blanc,
Quand tu es né tu étais rose.
Quand tu as grandi tu étais blanc.
Quand tu vas au soleil tu es rouge.
Quand tu as froid tu es bleu.
Quand tu as peur tu es vert.
Quand tu es malade tu es jaune.
Quand tu mourras tu seras gris.
Et après cela tu as le toupet° de — *audacity*
m'appeler «homme de couleur»

C. Après avoir lu. Complete the following activities on a separate sheet of paper.

1. What do you think of the poet's assessment of who should be called **un homme de couleur**? Do you find any humor in the poem? What other emotions do you experience in reading this poem?
2. As you can see from the poem, we use colors metaphorically to describe many different states of being and events. Can you think of any other associations we make with colors? List two or three colors and write down the emotions and/or events you associate with them in your culture. Compare your list with your classmates' lists. Do you find any cultural, regional, or individual differences among your lists?

Nom: ______________________ Date: ______________

Venez chez nous! La mode dans le monde francophone

5-26 Le Festival International de la Mode Africaine. Votre manuel parle un peu du FIMA. Consultez le site Web de ***Chez nous*** pour trouver des liens intéressants où vous pouvez en découvrir plus. Complétez le tableau ci-dessous avec les informations trouvées.

Le Festival International de la Mode Africaine		
Date de la dernière FIMA		
Lieu de la dernière FIMA		
Date de la première FIMA		
Nom du président du FIMA		
Objectif du FIMA		
Noms et pays (*country*) d'origine de cinq stylistes	**Nom**	**Pays d'origine**
	1.	
	2.	
	3.	
	4.	
	5.	

5-27 Le Niger. Le FIMA 2000 a eu lieu au Niger, un pays africain. Complétez le tableau suivant sur le Niger. Vous pouvez consulter votre manuel, des atlas, des encyclopédies, des guides touristiques ou le site Web de ***Chez nous*** pour trouver des liens utiles.

Le Niger	
Situation géographique	
Capitale	
Population	
Langue(s)	
Économie	
Aperçu historique	
Attractions touristiques	

5-28 La haute couture. Choisissez une maison de haute couture ou un styliste, par exemple Yves Saint Laurent, Chanel, Christian Lacroix, Cerruti, Givenchy, Jean Paul Gaultier ou un autre styliste de votre choix et consultez son site Web. (Consultez d'abord le site Web de ***Chez nous*** pour trouver ces liens.) Imprimez une ou deux créations de cette maison et sur une feuille séparée, rédigez une description des vêtements. Indiquez aussi sur la feuille l'adresse de cette maison et la date et le lieu où vous pourriez voir un défilé de la prochaine collection.

Pour aller plus loin: Pour en savoir plus sur la mode dans le monde francophone, consultez le site Web de ***Chez nous*** pour trouver des liens utiles.

Pour réviser: Consultez le site Web et le CD-ROM de ***Chez nous*** pour des exercices auto-corrigés qui vous aideront à réviser ce que vous avez appris dans ce chapitre.

Nom: ______________________ Date: ______________

6-24 Dimanche dernier. Racontez comment ces personnes ont passé la journée de dimanche.

MODÈLE: votre mère: *Dimanche dernier, ma mère est allée à la messe (mass). Ensuite elle a dîné chez des amis. Le soir, elle a regardé un film à la télé.*

1. vos parents: ______________________

____

2. vous: ______________________

____

3. un/e ami/e: ______________________

____

4. un/e ami/e et vous: ______________________

____

6-25 Ah! Les vacances. Dites ce que ces personnes ont fait pendant leurs vacances.

MODÈLE: D'habitude, je me couche de bonne heure.
Pendant les vacances, je me suis couchée après minuit.
OU *Pendant les vacances, je ne me suis pas couchée avant une heure du matin.*

1. D'habitude, Paul se réveille vers 6 heures du matin.

____

2. D'habitude, Marie-Laure et Lucie se lèvent à 7 heures moins le quart.

____

3. D'habitude, nous ne nous endormons pas devant la télé.

____

4. D'habitude, tu te rases tous les jours.

____

5. D'habitude, je ______________________

____

2. *La modalité*

6-26 Répondez, s'il vous plaît. De temps en temps, on préfère des invitations écrites assez formelles. Rédigez des invitations pour les personnes suivantes d'après les indications.

MODÈLE: à un/e ami/e pour une fête d'anniversaire

Chère Agnès, Je voudrais t'inviter à une fête samedi soir. On fête l'anniversaire de Christèle. Tu pourrais m'accompagner? Bruno

1. à un/e ami/e pour aller au théâtre

____

____

____

2. à votre prof de français pour un dîner d'honneur

____

____

____

3. à des amis pour un dîner chez vous

____

____

____

4. à vos parents pour une réception à la fac à la fin de vos études

____

____

____

5. au/à la président/e de l'université pour assister à une réunion du cercle français

____

____

____

Nom: ______________________________ Date: ____________________

6-27 Les réponses. Imaginez les réponses des personnes invitées dans l'exercice 6-26 aux invitations que vous avez écrites. Rédigez un mot qui accepte ou qui refuse chaque invitation selon les indications.

MODÈLE: l'ami/e refuse

Cher Bruno, Je suis désolée, mais je ne pourrais pas accepter ton invitation pour la fête de samedi soir. Je voudrais aller à cette fête avec toi, mais je dois rester à la maison pour garder ma petite sœur. Bisous, Agnès.

1. l'ami/e accepte

____

____

____

2. votre prof accepte

____

____

____

3. vos amis refusent

____

____

____

4. vos parents acceptent

____

____

____

5. le/la président/e refuse

____

____

____

ÉCRIVONS

6-28 Un week-end typique. Vous devez écrire une lettre à un/e lycéen/ne qui voudrait faire ses études dans votre université. Décrivez un week-end typique sur votre campus en racontant les activités du week-end dernier.

A. Avant d'écrire. Complétez ces activités sur une feuille séparée pour commencer.

1. Faites une liste de vos activités du week-end dernier.
(par exemple: *aller au ciné, discuter dans un petit café, manger du pop-corn*)
2. Faites une liste des endroits où vous êtes allé/e.
(par exemple: *au ciné, au café, à la résidence universitaire*)

3. Décrivez le temps qu'il a fait.
(par exemple: *il a plu*)

4. Donnez votre opinion sur les activités offertes aux étudiants sur votre campus.
(par exemple: *Il y a beaucoup d'activités.*)

B. En écrivant. Écrivez une lettre sur une feuille séparée.

MODÈLE: *Chère Alice,*

Tu voudrais étudier à l'Université de...? C'est une bonne idée. Nous faisons beaucoup de choses pour nous amuser le week-end. Par exemple, le week-end dernier a été très typique. Il a plu comme toujours au printemps. Je suis allée au ciné avec mes camarades de chambre. On joue beaucoup de films sur le campus. Après, nous avons discuté dans un petit café. Ensuite, ...

Il y a vraiment beaucoup d'activités pour les étudiants sur notre campus. Tu pourrais faire beaucoup de choses l'an prochain.

Amicalement,
Marie-Laure

C. Après avoir écrit. Relisez votre lettre. Avez-vous commencé et terminé d'une manière appropriée? Avez-vous inclus tous les détails que vous avez rassemblés dans l'exercice A? Regardez tous les verbes que vous avez utilisés au passé composé et vérifiez que vous avez choisi le bon auxiliaire, **avoir** ou **être**, pour chaque verbe. Vérifiez que vous avez la forme correcte des participes passés. Enfin, vérifiez que vous avez utilisé les mots comme **d'abord, ensuite, puis** et **après** pour parler de vos activités. Si vous ne les avez pas employés, ajoutez-en quelques-uns maintenant.

Nom: ______________________ Date: ______________

LISONS

6-29. La pluie

A. Avant de lire. This passage is from a collection of short stories about a mischievous little boy and his friends. A game similar to dodge ball, **la balle au chasseur**, figures prominently in this excerpt. Before you read the text, answer the following questions in English.

1. Describe the behavior of a typical little boy in school on a normal day.

____

____

2. How might that same little boy behave on a day when it is raining outside and the children can't go out for recess?

____

____

B. En lisant. As you read, answer the following questions about the passage. (Note: You will also see a few unfamiliar verb forms: **il ne pleuvait pas** and **c'était**. These are simply past tense forms for two verbs you should recognize: **pleuvoir** and **être**.)

1. What weather does Nicolas prefer? Why? ______________________
2. What does Eudes suggest that they do? ______________________
3. How does Rufus react to Eudes' suggestion? ______________________
4. What does Joachim suggest as a solution to the problem about the window? ______________________

   ____
5. What does Agnan do while the others play? ______________________
6. What is the teacher's reaction to the boys? ______________________

La pluie

Moi, j'aime bien la pluie quand elle est très, très forte, parce qu'alors je ne vais pas à l'école et je reste à la maison et je joue au train électrique. Mais aujourd'hui, il ne pleuvait pas assez et j'ai dû aller en classe...
Ce qui est embêtant, c'est que pour la récré on ne nous laisse pas descendre dans la cour pour qu'on ne se mouille pas. ... Et puis la cloche a sonné, et la maîtresse nous a dit: «Bon, c'est la récréation: vous pouvez parler entre vous, mais soyez sages.»
—Allez, a dit Eudes. On joue à la balle au chasseur?
—T'es pas un peu fou? a dit Rufus. Ça va faire des histoires avec la maîtresse, et puis c'est sûr, on va casser une vitre!
—Ben, a dit Joachim, on n'a qu'à ouvrir les fenêtres!

Ça, c'était une drôlement bonne idée, et nous sommes tous allés ouvrir les fenêtres, sauf Agnan qui repassait sa leçon d'histoire en la lisant tout haut, les mains sur les oreilles. Il est fou, Agnan! Et puis, on a ouvert la fenêtre; ... on s'est amusés à recevoir l'eau sur la figure, et puis on a entendu un grand cri: c'était la maîtresse....
—Mais vous êtes fous! elle a crié, la maîtresse. Voulez-vous fermer ces fenêtres tout de suite!
—C'est à cause de la balle au chasseur, mademoiselle, a expliqué Joachim.

Source: Sempé/Goscinny, *Le petit Nicolas et les copains*

C. Après avoir lu. Now that you've read the text, complete the following activities on a separate sheet of paper.

1. Did you find the text entertaining or humorous? Why? Do you think this incident is typically French, or is it universal? Provide examples to support your answer.
2. Imagine a day in your childhood when it rained or snowed. Write four sentences in French about what you did that day and how that day was special or different from days when it was nice outside.

Venez chez nous! Les vacances des Français

6-30 C'est où? Est-ce que vous connaissez les DOM-TOM? Dans la colonne de droite, trouvez la capitale des DOM-TOM ou des îles francophones indiqués dans la colonne de gauche. Vous pouvez consulter des atlas, des encyclopédies ou consulter le site Web de ***Chez nous*** pour trouver des liens utiles. La première réponse est donnée comme exemple.

___c___	1. La Guadeloupe	a. Victoria
______	2. Les Seychelles	b. Saint-Denis
______	3. Haïti	c. Basse-Terre
______	4. L'Île Maurice	d. Port-au-Prince
______	5. Tahiti	e. Fort-de-France
______	6. La Martinique	f. Port-Louis
______	7. La Réunion	g. Papeete

Nom: ____________________ **Date:** ____________________

6-31 Les îles. Complétez le tableau suivant sur les Seychelles et Tahiti. Vous pouvez consulter votre manuel, des atlas, des encyclopédies, des guides touristiques ou le site Web de ***Chez nous*** pour trouver des liens utiles.

	Les Seychelles	Tahiti
Situation géographique		
Climat		
Chef-lieu		
Population		
Langues		
Économie		
Histoire		

6-32 Gauguin. Regardez les tableaux de Gauguin dans votre manuel ou allez à la bibliothèque, dans un musée d'art ou consulter le site Web de ***Chez nous*** pour découvrir des liens qui proposent des sites où vous pouvez trouver d'autres tableaux de Gauguin. Choisissez un tableau et s'il n'est pas dans votre manuel de français, faites une photocopie ou imprimez-le. Sur une feuille séparée, décrivez comment le tableau représente Tahiti, son peuple et son paysage. Est-ce que vous trouvez que ce tableau reflète les renseignements que vous avez rassemblés dans l'exercice 6-31? De quelle façon?

Pour aller plus loin: Pour en savoir plus sur les DOM-TOM ou pour planifier un voyage vers une ou plusieurs de ces îles, consultez le site Web de ***Chez nous*** pour trouver des liens utiles.

Pour réviser: Consultez le site Web de ***Chez nous*** et le CD-ROM de ***Chez nous*** pour des exercices auto-corrigés qui vous aideront à réviser ce que vous avez appris dans ce chapitre.

Nom: ______________________ Date: ______________

LISONS

7-24 Déjeuner au bord de la mer.

A. Avant de lire. This passage is taken from *L'Étranger*, the first novel by the Nobel Prize winner Albert Camus. The novel is set in Algeria and tells the story of a man who is on trial for the shooting death of another. This excerpt describes the meal the main character enjoys with friends a short time before the shooting occurs on a Sunday afternoon. Before you read the text, answer these questions in English.

1. What types of food might these friends be eating on a warm Sunday afternoon in Algeria?

____

____

2. What kinds of things might they be talking about?

____

____

B. En lisant. As you read, look for and supply the following information. (Note: You will see several verbs in the imperfect tense, **avais, était,** and **voulais**. These are simply past tense forms for verbs that you should recognize: **avoir, être,** and **vouloir**.)

1. Fill in the chart with the food and beverages the characters consume.

À manger...	À boire...
bread	

2. By what time had they finished eating? ______________________

   Why might this be considered surprising? ______________________

   How does Masson justify the time? ______________________

   Who finds this very amusing? ______________________

3. After the meal, the men and women have different occupations. What are they?

Les femmes	Les hommes

L'Étranger

Quand nous sommes revenus, Masson nous appelait déjà. J'ai dit que j'avais très faim.... Le pain était bon, j'ai dévoré ma part de poisson. Il y avait ensuite de la viande et des pommes de terre frites. Nous mangions tous sans parler. Masson buvait souvent du vin et il me servait sans arrêt. Au café, j'avais la tête un peu lourde et j'ai fumé beaucoup.... Marie nous a dit tout d'un coup «Vous savez quelle heure il est? Il est onze heures et demie.» Nous étions tous étonnés, mais Masson a dit qu'on avait mangé très tôt, et que c'était naturel parce que l'heure du déjeuner, c'était l'heure où l'on avait faim. Je ne sais pas pourquoi cela a fait rire Marie. Je crois qu'elle avait un peu trop bu. Masson m'a demandé alors si je voulais me promener sur la plage avec lui. «Ma femme fait toujours la sieste après le déjeuner. Moi, je n'aime pas ça. Il faut que je marche. Je lui dis toujours que c'est meilleur pour la santé. Mais après tout, c'est son droit.» Marie a déclaré qu'elle resterait pour aider Mme Masson à faire la vaisselle. La petite Parisienne [Mme Masson] a dit que pour cela, il fallait mettre les hommes dehors. Nous sommes descendus tous les trois.

Source: Albert Camus, *L'Étranger*

C. Après avoir lu. Now that you've read the passage, complete the following activities on a separate sheet of paper.

1. How does the actual meal described in the passage compare with your expectations of it? Did anything about it surprise you? Was there something missing that you had expected?
2. Describe in French a meal that you enjoyed with friends during a weekend or a vacation. To begin, write down when and where this meal took place and make a list of the foods and beverages served. Then write 3 to 4 sentences about it.

Venez chez nous! Traditions gastronomiques

7-25 Ça vient d'où? Dans la colonne de droite trouvez la région ou le pays francophone où l'on prépare les spécialités indiquées dans la colonne de gauche. La première réponse est donnée comme exemple.

__d__	1. Les crêpes	a. La Suisse
______	2. Le foie gras	b. L'Île Maurice
______	3. La fondue	c. La Martinique
______	4. Le taboulé	d. La Bretagne
______	5. La poutine acadienne	e. Le Périgord/Le sud-ouest de la France
______	6. Le «curry» indien	f. Le Québec
______	7. Les bananes flambées au rhum	g. La Tunisie

Nom: ______________________________ **Date:** ____________________

7-26 La cuisine française. Imaginez que vous travaillez pour un magazine qui s'appelle *Le pain et le vin* et que vous écrivez des articles sur la cuisine régionale en France. Ce mois-ci, vous allez écrire un article sur une région de votre choix. D'abord, allez à la bibliothèque ou consultez le site Web de ***Chez nous*** pour trouver des liens qui donnent des renseignements sur cette région et ses spécialités. Ensuite, décrivez la région et le plat en quelques paragraphes sur une feuille séparée. Pour conclure, dites si vous voulez préparer ce plat à la maison.

7-27 Une recette. Consultez le site Web de ***Chez nous*** pour trouver des liens qui proposent des sites avec des recettes françaises ou francophones. Choisissez une recette que vous aimeriez préparer à la maison. (Vous pouvez choisir une recette de la région que vous avez étudiée dans l'exercice 7-26.) Préparez cette recette chez vous ou avec des amis. Vous pourriez partager les résultats de vos expériences avec votre classe de français. Rédigez un paragraphe qui décrit ce que vous avez préparé, qui raconte vos expériences dans la cuisine et qui donne votre opinion sur le plat que vous avez préparé.

Pour aller plus loin: Pour en savoir plus sur les traditions gastronomiques dans le monde francophone et pour trouver plus de recettes de cuisine francophone, consultez le site Web de ***Chez nous*** pour trouver des liens utiles.

Pour réviser: Consultez le site Web de ***Chez nous*** et le CD-ROM de ***Chez nous*** pour des exercices auto-corrigés qui vous aideront à réviser ce que vous avez appris dans ce chapitre.

Nom: ______________________ Date: ______________________

Voyageons!

Leçon 1 Projets de voyage

POINTS DE DÉPART

10-1 Projets de vacances. Vous passez des vacances en Europe. Dites quels moyens de transport sont possibles dans chaque cas.

MODÈLE: des États-Unis à Paris: ***On y va en avion ou en bateau.***

1. de l'aéroport à la gare: ______________________
2. de France en Grèce: ______________________
3. d'Athènes à l'île de Crète: ______________________
4. de la Crète à l'île de Mykonos: ______________________
5. de Mykonos à Athènes: ______________________
6. d'Athènes à chez vous: ______________________

10-2 Moyens de transport habituels. Dites quel moyen de transport les personnes suivantes utilisent d'habitude dans ces situations.

MODÈLE: votre mère / pour faire les courses
D'habitude, elle prend sa voiture pour faire les courses.

1. votre frère ou sœur / pour aller à l'école

   ____
2. votre père / pour aller au travail

   ____
3. vos grands-parents / pour aller en vacances

   ____
4. votre meilleur/e ami/e / pour aller en ville

   ____
5. vous / pour aller à la fac

   ____

10-3 Vous n'avez rien oublié? Dites ce que vous emportez quand vous partez en vacances.

MODÈLE: Vous passez une journée au Val de Loire. Qu'est-ce qu'il y a dans votre sac?
Dans mon sac, il y a un appareil-photo, des pellicules, une carte bancaire, 50 euros et une bouteille de Vittel.

1. Vous sortez de la banque. Qu'est-ce qu'il y a dans votre portefeuille?

____

____

2. Vous passez un mois en Côte d'Ivoire. Qu'est-ce qu'il y a dans votre valise?

____

____

3. Vous allez à la campagne. Qu'est-ce qu'il y a dans votre sac à dos?

____

____

4. Je vais ______________________. Dans mon sac, ______________

____

FORMES ET FONCTIONS

1. Le futur

10-4 Les prédictions. Faites des prédictions pour vos amis et les membres de votre famille pour l'an 2015.

MODÈLE: votre fille: ***Elle fera des études à la Sorbonne.***

1. votre meilleur/e ami/e: ______________________
2. votre camarade de chambre: ______________________
3. vos parents: ______________________
4. votre ami/e et vous: ______________________
5. votre petit frère/sœur: ______________________
6. vous-même: ______________________

Nom: ______________________________ Date: ______________

10-5 Après les études. Comment sera votre vie dans dix ans? Rédigez un petit paragraphe (de quatre à cinq phrases) qui donne vos prédictions.

MODÈLE: *Dans dix ans, je serai prof de français dans un lycée. Je serai mariée et j'aurai deux ou peut-être trois enfants. J'habiterai en Floride. Avec ma famille, j'irai souvent à la plage et nous ferons du vélo...*

____

____

____

____

____

____

2. *Le pronom y*

10-6 On y va. De quel endroit est-ce qu'on parle? Donnez une réponse logique. Il y a souvent plusieurs possibilités.

MODÈLE: Les étudiants y vont pour acheter leurs livres. *à la librairie*

1. J'y vais pour nager. ______________________________
2. Ils y sont allés pour voir la tour Eiffel. ______________________________
3. Elle promet d'y aller demain matin. ______________________________
4. Ils voudraient y aller avec les enfants. ______________________________
5. Mes amis y vont pour jouer au foot. ______________________________
6. Nous y avons mangé hier soir. ______________________________
7. C'est une ville cosmopolite. On y parle français et anglais. ______________________________
8. Ils n'y habitent plus. Il y avait trop de pollution. ______________________________

10-7 La curiosité. Un ami curieux vous pose des questions personnelles. Donnez-lui une réponse logique en utilisant le pronom **y**.

MODÈLE: Tu vas souvent à la campagne?
Non, j'y vais très peu.

1. Est-ce que tu vas régulièrement chez le dentiste?

____

2. Tu es allé/e en Afrique?

____

3. Combien de fois par semaine est-ce que tu vas à la bibliothèque pour travailler?

____

4. Tu as passé les vacances en Floride l'été dernier?

____

5. Combien de fois par mois est-ce que tu dînes au restaurant?

____

6. J'ai besoin de sel. Quand est-ce que tu vas au supermarché?

____

Nom: ______________________ Date: ______________

ÉCRIVONS

10-8 Un bon itinéraire. Vous venez de préparer un itinéraire pour un/e ami/e francophone qui va passer quelques semaines dans votre région cet été avec sa famille. Écrivez-lui une lettre où vous précisez ce qu'ils vont faire, quand vous allez les retrouver et ce que vous allez faire tous ensemble.

A. Avant d'écrire. Commencez par faire ces activités sur une feuille séparée.

1. Choisissez deux ou trois villes que vos amis pourront visiter.
(par exemple: *Atlanta, Orlando...*)
2. Décrivez deux ou trois activités.
(par exemple: *visiter la Tour CNN, visiter la maison de Coca-Cola...*)
3. Indiquez quand vous allez les retrouver.
(par exemple: *le 23 juillet à Orlando*)
4. Décrivez une ou deux choses que vous ferez ensemble.
(par exemple: *aller à Disney World...*)

B. En écrivant. Rédigez votre lettre sur une feuille séparée. N'oubliez pas d'utiliser les mots comme **d'abord, ensuite, puis** et **enfin** pour parler des activités successives.

MODÈLE: *Chère Isa,*

J'attends avec impatience ta visite. Je serai si contente de te voir. J'ai envie de connaître tes parents et ta petite sœur, Anne. J'ai préparé un bon itinéraire pour vous. D'abord, vous visiterez Atlanta. À Atlanta, vous visiterez la Tour CNN et la maison de Coca-Cola. Ensuite... Enfin, je vous verrai le 23 juillet. Je viendrai vous chercher à l'aéroport à Orlando. Nous irons à Disney World ensemble et...

À très bientôt,
Mélanie

C. Après avoir écrit. Relisez votre lettre. Avez-vous suggéré des visites que la famille francophone fera toute seule et des visites que vous ferez tous ensemble? Avez-vous précisé la date à laquelle vous allez les retrouver et le lieu de rencontre? Regardez de nouveau les verbes que vous avez employés pour parler de l'avenir. Est-ce qu'ils sont au futur? Vérifiez que vous avez la forme correcte pour chaque verbe au futur.

Leçon 2 Destinations

POINTS DE DÉPART

10-9 Dans quel pays? D'après la description, suggérez des possibilités de voyage pour ces personnes.

MODÈLE: Pablo parle parfaitement espagnol. ***Il peut visiter le Brésil et la Colombie.***

1. M. Marchand adore l'Afrique et il parle français. ______________________________
2. Rachid aime bien les cultures de l'Asie de l'Est. ______________________________
3. Mme Charles s'intéresse à l'Amérique latine. ______________________________
4. Iman apprend des langues romanes. ______________________________
5. Je ______________________________. ______________________________

10-10 Un test de géographie. Donnez la nationalité et la langue ou les langues de chaque pays, selon le modèle. Vous pouvez consulter des ouvrages de référence ou le site Web de ***Chez nous*** qui propose des liens utiles pour découvrir les langues de chaque pays.

MODÈLE: Au Brésil: ***Les Brésiliens parlent portugais.***

1. Au Cameroun: ______________________________
2. En Algérie: ______________________________
3. En Suisse: ______________________________
4. Au Mexique: ______________________________
5. Au Canada: ______________________________

FORMES ET FONCTIONS

1. Les prépositions avec les noms de lieu

10-11 Jéopardie! Imaginez que vous jouez au Jéopardie. La catégorie, c'est **Les pays et les continents**. Posez une question appropriée pour chaque réponse.

MODÈLE: les États-Unis: ***Quel pays se trouve en Amérique du Nord?***
OU ***Dans quel pays d'Amérique du Nord est-ce qu'on parle anglais?***

1. la Chine: ______________________________
2. le Mexique: ______________________________
3. la Belgique: ______________________________
4. l'Argentine: ______________________________
5. la Côte d'Ivoire: ______________________________

Nom: ______________________ Date: ______________

10-12 Vos connaissances en géographie. Montrez vos connaissances en géographie en nommant plusieurs pays pour chaque question.

MODÈLE: Où est-ce qu'il y a des Africains francophones?
Il y a des Africains francophones au Cameroun, en Côte d'Ivoire, au Maroc, et au Sénégal.

1. Où est-ce qu'on parle espagnol? ______________________
2. Où est-ce qu'on parle arabe et français? ______________________
3. Où est-ce qu'il y a des économies très fortes? ______________________
4. Où est-ce que vous voudriez habiter un jour? ______________________

2. *Le verbe venir*

10-13 Déductions. D'après l'indication donnée, décidez de quel pays ces personnes reviennent.

MODÈLE: Sophie a visité Buckingham Palace. *Elle revient d'Angleterre.*

1. Alain et Bill ont visité Cannes et Paris. ______________________
2. Helga a rendu visite à son cousin allemand à Berlin. ______________________
3. Nous avons visité Dakar et l'île de Gorée. ______________________
4. Ma mère et ma sœur ont visité Beijing. ______________________
5. J'ai ______________________. Je ______________________

10-14 L'Inspecteur Maigret. Imaginez que vous êtes Maigret, le détective belge très connu. Dites ce que vos suspects viennent probablement de faire, d'après ces renseignements.

MODÈLE: Karine porte un maillot de bain. *Elle vient sans doute de nager.*

1. Jean-Luc emporte sa guitare. ______________________
2. M. et Mme Moreau sont bien habillés. ______________________
3. Les Girardet ont une nouvelle voiture. ______________________
4. Clémence et Élodie sortent du MacDo. ______________________
5. Claude a l'air fatigué. ______________________

ÉCRIVONS

10-15 Le tour du monde en quatre-vingts jours. Imaginez que vous avez fait le tour du monde en 80 jours comme Philéas Fogg et Passepartout, les personnages principaux du roman *Le tour du monde en quatre-vingts jours* de Jules Verne. (Vous pouvez lire un extrait de ce roman dans l'exercice 10-24.) Maintenant, vous vous préparez à parler de vos expériences avec un groupe de lycéens.

A. Avant d'écrire. Pour commencer, complétez ces activités sur une feuille séparée.

1. Faites une liste des pays et des villes que vous avez visités.
   (par exemple: *France: Paris, Lyon; Suisse: Genève; Belgique: Bruxelles, Anvers...*)
2. Faites une liste des langues que vous avez entendu parler et que vous avez parlées.
   (par exemple: *le français, l'allemand, le flamand...*)
3. Choisissez deux ou trois endroits que vous voulez décrire. Pour chaque endroit, écrivez deux ou trois adjectifs.
   (par exemple: *la ville de Paris: belle, agréable, animée...*)
4. Écrivez une ou deux phrases pour dire quel endroit vous avez préféré et pourquoi.
   (par exemple: *J'ai préféré la ville de Paris parce que c'est une ville très belle et...*)

B. En écrivant. Sur une feuille séparée, rédigez votre récit de voyage.

MODÈLE: *Pendant mon superbe voyage, j'ai visité la France, la Belgique et la Suisse. En France, je suis allé à Paris et à Lyon. J'ai préféré Paris parce que... J'ai vu des choses intéressantes comme... Les habitants de Bruxelles parlaient français et flamand... Je n'ai pas compris le flamand, bien sûr, mais je pouvais parler un peu français. Les gens m'ont compris!... À mon avis, Paris c'est la meilleure ville parce que...*

C. Après avoir écrit. Relisez votre récit. Avez-vous parlé de tous les pays et de toutes les villes que vous avez énumérés dans l'exercice A? Est-ce que vous avez inclus des adjectifs pour décrire chaque endroit? Soulignez tous les noms de villes et de pays que vous avez écrits et vérifiez que vous avez utilisé les bonnes prépositions.

Nom: ______________________________ Date: ____________________

Leçon 3 Faisons du tourisme

POINTS DE DÉPART

10-16 De bonnes vacances. Vous travaillez pour une agence de voyages et c'est à vous de proposer des projets de vacances aux clients. D'après leur situation, déterminez où chaque groupe de clients peut aller, où ils peuvent dormir et ce qu'ils peuvent faire.

MODÈLE: Les Smith: M. et Mme, un garçon de 4 ans et une fille de 2 ans
Goûts: la nature, le cyclisme, la natation, les randonnées
Budget: assez modeste
Ils peuvent faire du camping près d'un lac. Ils peuvent dormir dans un camping avec leur tente et leurs sacs de couchage. Ils peuvent nager dans le lac et faire des randonnées dans la forêt. Ils peuvent aussi emporter leurs vélos.

1. Les nouveaux mariés: Rémi Souchon et Dominique Chaumier
Goûts: l'art moderne, les bons restaurants, le théâtre, le cinéma
Budget: ils ont économisé beaucoup d'argent, donc pas de problème financier
____
____

2. Les Dumont: M. et Mme, une fille de 15 ans, un garçon de 12 ans et une fille de 10 ans
Goûts: l'étranger, l'aventure, l'histoire, l'architecture, le shopping
Budget: aucun problème, ils sont très aisés
____
____

3. Des amis: Stéphane (20 ans), Paul (19 ans) et Nicolas (20 ans)
Goûts: l'étranger, l'exotisme, l'archéologie, le sport
Budget: très modeste
____
____

10-17 Sur votre campus. Avec des expressions comme **loin de**, **près de**, **devant**, **en face de**, **à côté de**, **à droite de**, indiquez comment ces lieux se situent les uns par rapport aux autres.

MODÈLE: la bibliothèque et la librairie: ***La bibliothèque est assez loin de la librairie.***

1. la piscine et le stade: ______________________________
2. la librairie et le labo de chimie: ______________________________
3. le labo de langues et les résidences: ______________________________
4. le resto U et le centre d'informatique: ______________________________
5. le gymnase et le musée: ______________________________

10-18 À Abidjan. Vous êtes au Centre culturel français à Abidjan (en Côte d'Ivoire) et vous faites des projets pour la journée. Consultez ce plan et notez le chemin qu'il faut prendre pour vous rendre aux endroits suivants.

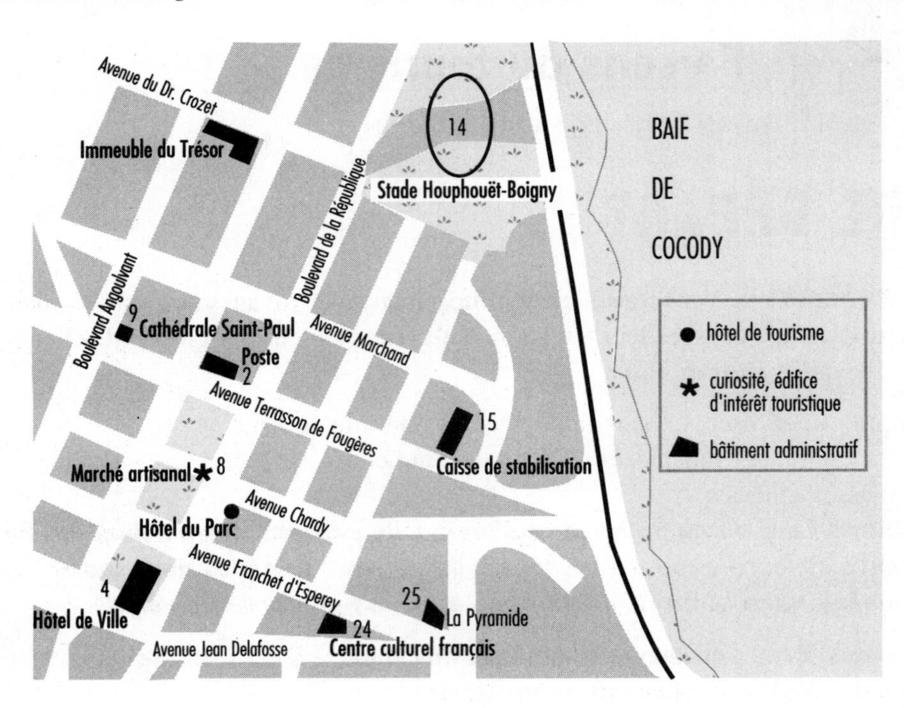

MODÈLE: à l'Hôtel de Ville: ***prendre l'avenue Franchet d'Esperey jusqu'au boulevard de la République; tourner à gauche; l'Hôtel de Ville est sur la droite.***

1. à La Pyramide: ______________________________

____

____

2. au Marché artisanal: ______________________________

____

____

3. au Stade Houphouët-Boigny: ______________________________

____

____

4. à la Cathédrale Saint-Paul: ______________________________

____

____

5. à la Poste: ______________________________

____

____

6. à l'Hôtel du Parc: ______________________________

____

____

Nom: ______________________________ Date: ____________________

FORMES ET FONCTIONS

1. *Les pronoms relatifs où et qui*

10-19 Le tourisme. Donnez une définition de ces termes.

MODÈLE: un Centre de congrès: C'est un bâtiment ***où il y a des grands congrès.***

1. un hôtel: C'est un logement ______________________________
2. l'office du tourisme: C'est un endroit ______________________________
3. une auberge de jeunesse: C'est un logement ______________________________
4. un camping: C'est un endroit ______________________________
5. un gîte rural: C'est un logement ______________________________
6. un château: C'est un bâtiment ______________________________

10-20 Le logement idéal. Dites ce que ces personnes préfèrent d'après leur description.

MODÈLE: Une petite fille de 9 ans aime les hôtels ***où il y a une piscine et des jeux vidéos. Elle aime les hôtels qui sont près d'un parc.***

1. Un homme riche aime les hôtels ______________________________
____
2. Un couple sociable qui aime la campagne préfère un gîte rural ______________________________
____
3. J'aime ______________________________
____

2. *Le pronom relatif que*

10-21 Un voyage entre amis. Quatre amis préparent un voyage pour les vacances de la Toussaint. Montrez à votre copain/copine ce qui a été préparé.

MODÈLE: Sylvie et Éric ont choisi les destinations.
Voici les destinations que Sylvie et Éric ont choisies.

1. Fatima a préparé un itinéraire. ______________________________
2. Fabrice a réservé les billets de train. ______________________________
3. Fatima a trouvé une auberge de jeunesse. ______________________________
4. Sylvie a fait les réservations. ______________________________
5. Fabrice a acheté des pellicules. ______________________________
6. Éric et Fatima ont acheté des valises. ______________________________

10-22 Les préférences. Complétez ces phrases avec vos préférences en utilisant le pronom relatif approprié.

MODÈLE: J'adore les trains *que vous avez en France.*
OU *qui sont très rapides, comme le TGV.*

1. Je préfère les villes ____________________
2. J'aime bien les musées ____________________
3. J'aime les cartes postales ____________________
4. Je n'aime pas les livres ____________________
5. J'aime la cuisine ____________________

ÉCRIVONS

10-23 Des vacances en Touraine. Vous allez passer deux semaines en Touraine cet été. Écrivez une lettre à la direction de l'hôtel Le Beau Site près de Tours pour vous renseigner sur les possibilités de logement.

A. Avant d'écrire. Pour commencer, complétez ces activités sur une feuille séparée.

1. Notez le jour de votre arrivée et de votre départ.
(par exemple. *le 3 juin, le 17 juin*)
2. Précisez le type de chambre que vous voudriez.
(par exemple: *une chambre avec douche*)
3. Précisez les services que vous voudriez.
(par exemple: *une piscine, un terrain de sport...*)

B. En écrivant. Rédigez votre lettre sur une feuille séparée. Utilisez les formules de politesse au début et à la fin de la lettre suivant le modèle.

MODÈLE: *À qui de droit,*

Je vous écris pour vous demander des renseignements sur votre hôtel. J'arriverai à Tours le 3 juin et je voudrais rester dans votre hôtel jusqu'au 17. Je voudrais une chambre simple avec une belle vue et une douche plutôt qu'une baignoire. Votre hôtel a-t-il une piscine ou y a-t-il une piscine et un court de tennis tout près?

En vous remerciant par avance de votre réponse, je vous adresse mes salutations distinguées.

Monsieur Johnson

C. Après avoir écrit. Relisez votre lettre. Avez-vous mentionné les dates de votre séjour, le type de chambre que vous voudriez avoir et les services qui vous intéressent? Avez-vous utilisé les formules de politesse pour commencer et terminer votre lettre comme dans le modèle? Regardez de nouveau votre lettre pour vérifier que vous n'avez pas fait de fautes d'orthographe et que tous les verbes s'accordent avec leurs sujets.

Nom: ______________________________ Date: ____________________

LISONS

10-24 Le tour du monde un quatre-vingt jours

A. Avant de lire. You are going to read an excerpt from the beginning of *Le tour du monde en quatre-vingt jours*, written by the well-known French writer, Jules Verne, in the nineteenth century. In this passage Phileas Fogg, a rather eccentric and extremely precise Englishman wagers that with the completion of the railway in Indiana, he can make a trip around the world in eighty days as stated in the British newspaper, *The Morning Chronicle*. Before you read, answer the following questions.

1. This story is set in the year 1872. What means of transportation do you think Phileas Fogg will use to travel around the world? List them in French.

____

____

2. Phileas Fogg will travel around the world with only his valet, Passepartout. How do you think he will be able to prove that he has actually gone all around the world?

____

____

B. En lisant. As you read, look for and supply the following information. (Note: You will see several verbs in the literary past tense: **répondit, répondirent, demanda, montèrent, s'arrêta, entrèrent, fit, prirent, se mit**. You simply need to recognize these as past tense forms of the verbs **répondre, demander, monter, s'arrêter, entrer, faire, prendre,** and **se mettre**.)

1. Phileas Fogg wagers he can go around the world in eighty days. He also provides these calculations in hours and in minutes. How many hours? __________ How many minutes? __________
2. When will Phileas Fogg leave? ______________________________
3. How will he travel? ______________________________
4. When will he return? ______________________________
5. Where will he return? ______________________________
6. Who will accompany him? ______________________________
7. Where is their first stop? ______________________________
8. How does Phileas Fogg propose to prove the details of his trip? ______________________________

____

9. At what time do the travelers actually leave? ______________________________

LE TOUR DU MONDE EN QUATRE-VINGT JOURS

—Un bon Anglais ne plaisante° jamais, quand il s'agit d'une chose aussi sérieuse qu'un pari°, répondit Phileas Fogg. Je parie vingt mille livres contre qui voudra que je ferai le tour de la terre en quatre-vingts jours ou moins, soit dix-neuf cent vingt heures ou cent quinze mille deux cents minutes. Acceptez-vous?

—Nous acceptons, répondirent MM. Stuart, Fallentin, Sullivan, Flanagan et Ralph, après s'être entendus.

—Bien, dit Mr. Fogg. Le train de Douvres part à huit heures quarante-cinq. Je le prendrai.

—Ce soir même? demanda Stuart.

—Ce soir même, répondit Phileas Fogg. Donc, ajouta-t-il en consultant un calendrier de poche, puisque c'est aujourd'hui mercredi 2 octobre, je devrai être de retour à Londres, dans ce salon même du Reform-Club, le samedi 21 décembre, à huit heures quarante-cinq du soir... (Phileas Fogg retourne à la maison pour se préparer et chercher son domestique Jean Passepartout.)

Une station de voitures se trouvait à l'extrémité de Saville-row. Phileas Fogg et son domestique montèrent dans un cab, qui se dirigea rapidement vers la gare de Charing-Cross... A huit heures vingt, le cab s'arrêta devant... la gare. Passepartout sauta à terre°...

Mr. Fogg et lui entrèrent aussitôt dans la grande salle de la gare. Là, Phileas Fogg donna à Passepartout l'ordre de prendre deux billets de première classe pour Paris. Puis, se retournant, il aperçut° ses cinq collègues du Reform-Club.

«Messieurs, je pars, dit-il, et les divers visas apposés sur un passeport que j'emporte à cet effet vous permettront, au retour, de contrôler mon itinéraire...

—Vous n'oubliez pas que vous devez être revenu? ... fit observer Andrew Stuart.

—Dans quatre-vingt jours, répondit Mr. Fogg, le samedi 21 décembre 1872, à huit heures du soir. Au revoir, messieurs.»

À huit heures quarante, Phileas Fogg et son domestique prirent place dans le même compartiment. À huit heures quarante-cinq... le train se mit en marche.

Source: Jules Verne, *Le tour du monde en quatre-vingt jours*

plaisante°: raconter des histoires drôles
pari°: *a bet, a wager*
sauta à terre°: est descendu
aperçut°: *saw*

1. Here is the itinerary as published in *The Morning Chronicle*. Do you think it is actually possible for Phileas Fogg to complete such a trip in eighty days? Why or why not?

LE TOUR DU MONDE EN QUATRE-VINGT JOURS.

De Londres à Suez par le Mont-Cenis et Brindisi, railways et paquebots	7 jours
De Suez à Bombay, paquebot	13 —
De Bombay à Calcutta, railway	3 —
De Calcutta à Hong-Kong (Chine), paquebot	13 —
De Hong-Kong à Yokohama (Japon), paquebot	6 —
De Yokohama à San Francisco, paquebot	22 —
De San Francisco à New York, railroad	7 —
De New York à Londres, paquebot et railway	9 —
Total	80 jours

2. Have you ever read any of Jules Verne's novels, many of which have been translated into English, such as *20,000 Leagues under the Sea, Journey to the Center of the Earth, The Mysterious Island, From the Earth to the Moon*, or seen any of these novels made into a film? If not and especially if you enjoy science fiction, check one of these books out of the library or rent one of these movies (even *Around the World in 80 days*!).

Nom: ______________________________ Date: ____________________

Venez chez nous! Paris, ville lumière

10-25 Les monuments. Pour chaque monument à Paris dans la colonne de gauche, trouvez une description dans la colonne de droite. Vous pouvez consulter votre manuel, des guides touristiques ou le site Web de ***Chez nous*** pour trouver des liens utiles. La première réponse vous est donnée comme exemple.

__c__ **1.** St-Germain des Près
_____ **2.** L'Arc de Triomphe
_____ **3.** l'Opéra Garnier
_____ **4.** la tour Eiffel
_____ **5.** la Conciergerie
_____ **6.** l'Obélisque
_____ **7.** le Pont-Neuf
_____ **8.** la Sainte-Chapelle
_____ **9.** les Invalides
_____ **10.** le Panthéon
_____ **11.** l'Arc du Carrousel

a. le plus vieux pont de Paris
b. le site du tombeau de Napoléon
c. l'une des plus vieilles églises de Paris
d. une ancienne prison où Marie-Antoinette et Louis XVI étaient emprisonnés pendant la Révolution
e. a un superbe plafond (*ceiling*) peint par Marc Chagall
f. un arc de triomphe qui se trouve près du Louvre
g. construite pour l'Exposition Universelle en 1889
h. le site des tombeaux des écrivains Victor Hugo, Jean-Jacques Rousseau et Émile Zola
i. cadeau de l'Égypte qui se trouve sur la Place de la Concorde
j. abrite (*houses*) le tombeau du soldat inconnu
k. une petite chapelle dans la Conciergerie avec des vitraux (*stained glass windows*) magnifiques

10-26 Le Louvre. Vous avez sans doute entendu parler du Louvre, un très grand musée à Paris. Le Louvre est connu pour certains chefs-d'œuvre comme les statues grecques, la *Vénus de Milo* et la *Victoire de Samothrace*, et *la Joconde*, le tableau de Léonard de Vinci. Consultez le site Web de ***Chez nous*** pour découvrir le site officiel du Louvre où vous pouvez avoir plus de renseignements sur ces chefs-d'œuvre et faire une visite virtuelle du musée. Allez sur ce site et faites une visite virtuelle de ces trois œuvres. Ensuite, choisissez deux autres œuvres dans les collections du Louvre. Pour chaque œuvre, écrivez un paragraphe sur une feuille séparée dans lequel vous décrivez l'œuvre et expliquez pourquoi vous l'avez choisie.

10-27 Le Château de Versailles. Ce grand château ne se trouve pas loin de Paris et beaucoup de touristes vont y passer une journée. Consultez le site Web de ***Chez nous*** pour trouver le site officiel du Château de Versailles et allez sur ce site pour compléter ce tableau avec des renseignements utiles pour un/une touriste.

Le Château de Versailles: guide de visite:	
Comment y aller de Paris:	
Heures d'ouverture:	
Tarifs:	
Lieux à visiter:	
Possibilités pour manger:	

10-28 Une visite virtuelle au Château de Versailles. Consultez le site Web de ***Chez nous*** pour trouver le site officiel du Château de Versailles et allez sur ce site. Là, vous aurez la possibilité de faire une visite virtuelle (à 360°) de plusieurs endroits du château. Choisissez un endroit et faites la visite virtuelle. (Si votre ordinateur ne vous permet pas de le faire, allez au centre d'informatique de votre campus ou demandez à votre prof de français s'il y a un laboratoire multi-média pour les étudiants de langue.) Sur une feuille séparée, rédigez un paragraphe pour décrire la visite que vous avez faite.

Pour aller plus loin: Pour en savoir plus sur la ville de Paris et ses monuments, le Louvre ou le Château de Versailles ou pour préparer un voyage dans la région parisienne, consultez le site Web de ***Chez nous*** pour découvrir des liens utiles.

Pour réviser: Consultez le site Web de ***Chez nous*** et le CD-ROM de ***Chez nous*** pour trouver des exercices auto-corrigés qui vous aideront à réviser ce que vous avez appris dans ce chapitre.

Nom: ______________________ Date: ______________

La santé et le bien-être

Leçon 1 La santé

POINTS DE DÉPART

11-1 Le médecin détective. Dites pourquoi ces personnes ont probablement mal.

MODÈLE: Céline a mal aux yeux. ***Elle n'a pas mis ses lunettes.***

1. Myriam a mal au dos. ______________________
2. Jacques a mal au ventre. ______________________
3. Amélie a mal aux pieds. ______________________
4. Benoît a mal aux genoux. ______________________
5. Didier a mal aux oreilles. ______________________

11-2 On a toujours mal! Dites où ces personnes ont toujours mal.

MODÈLE: votre grand-mère: ***Ma grand-mère a toujours mal aux pieds!***

1. votre mère: ______________________
2. votre grand-père: ______________________
3. votre meilleur/e ami/e: ______________________
4. votre copain/copine: ______________________
5. vous-même: ______________________

11-3 Le médecin. Faites un diagnostic et suggérez un remède pour les situations indiquées.

MODÈLE: Arnaud est un petit garçon qui a de la fièvre. Il a aussi mal aux oreilles.
Il a probablement une infection aux oreilles. Il a besoin d'antibiotiques.

1. Patricia est allée à la plage. Elle a mal aux épaules, au dos et au cou. Elle est toute rouge!

   ___

2. Françoise a mal au cœur, et elle a de la fièvre.

   ___

3. Stéphanie, trois ans, tousse sans arrêt. Elle n'a pas bonne mine et elle n'a pas d'énergie.

   ___

4. Georges est très fatigué. Il a le nez qui coule et il tousse un peu.

   ___

5. Corinne a très mal à la gorge et elle a un peu de fièvre.

   ___

FORMES ET FONCTIONS

1. Les expressions de nécessité

11-4 Les bons conseils. Donnez des conseils appropriés aux personnes suivantes. Utilisez les expressions de nécessité comme **il faut, il ne faut pas, il est important de, il est nécessaire de, il est utile de**.

MODÈLE: Votre mère a mal à la tête.
Il faut prendre de l'aspirine. Il est important de te reposer un peu.

1. Votre camarade de chambre a trois examens la semaine prochaine.

   ___

2. Votre sœur et son ami de longue date viennent de séparer. Elle est malheureuse.

   ___

3. Votre camarade de chambre a une bronchite et tousse tout le temps.

   ___

4. Un/e ami/e boit trop d'alcool.

   ___

5. Votre prof de français est enrhumé/e.

   ___

Nom: ______________________ Date: ______________

11-5 Avis aux nouveaux arrivés. Donnez des conseils aux étudiants qui viennent d'arriver sur le campus pour leur première année d'études. Utilisez les expressions de nécessité comme **il faut, il ne faut pas, il est important de, il est nécessaire de, il est utile de**.

1. Pour être en forme, ______________________
2. Pour avoir de bonnes notes, ______________________
3. Pour ne pas grossir, ______________________
4. Pour ne pas avoir mal à l'estomac, ______________________
5. Pour ne pas être stressé/e, ______________________
6. Pour ne pas s'ennuyer, ______________________
7. Pour s'amuser, ______________________

2. *Le subjonctif des verbes réguliers*

11-6 Garder la santé. Dites ce qu'on doit faire pour être en bonne santé. Utilisez une des expressions de la liste ci-dessous.

il est important que	il est nécessaire que	il est urgent que
il est utile que	il (ne) faut (pas) que	il vaut mieux que

MODÈLE: Je mange souvent des bonbons et des casse-croûte.
Il vaut mieux que je mange trois repas équilibrés.

1. Gilles fume deux paquets de cigarettes par jour.

 ____
2. Vous travaillez 60 heures par semaine.

 ____
3. Robert et Paul adorent les desserts et refusent de manger des légumes.

 ____
4. Tu restes devant la télévision tout le week-end.

 ____
5. Je ______________________

 ____

11-7 Des conseils. Vos amis vous demandent ce qu'il faut faire dans les situations suivantes. Donnez-leur des conseils.

MODÈLE: Mon frère et moi, nous nous disputons et nous ne nous parlons plus.
Alors, il faut que vous parliez tout de suite de vos différences d'opinions!

1. J'ai un examen demain mais je veux aller au match de basket.
____
2. C'est l'anniversaire de ma mère et j'ai oublié de lui envoyer une carte de vœux.
____
3. Ma cousine a un nouvel appartement pas loin d'ici.
____
4. J'ai trouvé un carnet de chèques dans la rue.
____
5. Une bonne amie s'est séparée de son copain.
____

Nom: ______________________ Date: ______________

ÉCRIVONS

11-8 Votre santé ce semestre. Les étudiants ont souvent de petites maladies quand ils sont à la fac. Est-ce que vous avez été en bonne santé ce semestre ou est-ce que vous avez souffert de la grippe, de rhumes et de maux de tête? Écrivez une lettre à votre mère dans laquelle vous expliquez vos problèmes de santé ce semestre.

A. Avant d'écrire. Pour commencer, complétez ce tableau sur les problèmes de santé.

1. D'abord, regardez la liste de problèmes de santé dans la première colonne. Si vous avez eu un de ces problèmes, mettez une croix dans la deuxième colonne.
2. Complétez les deux dernières colonnes pour chaque problème de santé que vous avez coché.

Problèmes de santé			
Problèmes	**Cochez**	**Fréquence**	**Traitement**
MODÈLE: rhumes	✗	*trois fois ce semestre*	*Je me suis reposé et j'ai bu beaucoup de jus d'orange et de tisane*
rhumes			
grippes			
maux d'estomac			
maux de tête			
toux			
coup de soleil			
mal au dos			
mal aux pieds			
?			

B. En écrivant. Écrivez votre lettre sur une feuille séparée. Utilisez les informations que vous avez fournies dans l'exercice A.

MODÈLE: *Chère Maman,*

Ce semestre, je vais assez bien. J'ai eu trois rhumes mais maintenant, je suis en très bonne forme. J'ai voulu prendre des médicaments pour le rhume, mais le médecin à l'infirmerie ne voulait pas me donner d'antibiotiques. Il m'a dit de boire du jus d'orange et de la tisane. J'en ai bu beaucoup! Une fois, j'avais...

C'est bientôt les vacances et je serai contente de rentrer à la maison. Je ne veux pas être malade pendant les vacances. Je vais beaucoup dormir et bien manger!

Je t'embrasse,
Amélie

C. Après avoir écrit. Relisez votre lettre. Avez-vous inclus toutes les informations que vous avez fournies dans le tableau de l'exercice A? Regardez de nouveau votre lettre pour vérifier qu'il n'y a pas de fautes d'orthographe et que vous avez utilisé l'article correct pour les maladies et les traitements que vous avez décrits.

Pour rester en forme

POINTS DE DÉPART

11-9 Bilan de santé et de bien-être. Vous suivez un cours de santé publique ce semestre et le prof vous demande de faire un bilan de votre santé. Répondez aux questions suivantes.

1. Qu'est-ce que vous faites pour être en bonne santé?

   Je fais du sport, par exemple je... ______________________

   ____

   ____

   ____

2. Qu'est-ce que vous faites qui n'est pas très bon pour votre santé physique et mentale?

   Quelquefois, je ______________________

   ____

   ____

   ____

3. Donnez un ou deux changements que vous pourriez faire pour être en meilleure santé.

   Je pourrais ______________________

   ____

   ____

   ____

Nom: ______________________________ Date: ____________________

11-10 Le Docteur Lespérance. Imaginez que vous êtes le docteur Lespérance et répondez à ces lettres. Comme modèle, consultez les réponses du docteur à la page 421 dans votre manuel.

1. J'ai 20 ans et je suis étudiant à la fac de sciences. En ce moment, j'ai des difficultés pour m'endormir et pour me concentrer. Je suis très stressé et je commence à m'angoisser. C'est bientôt les examens finals. Je fume trois paquets de cigarettes par jour pour me calmer et je bois au moins cinq tasses de café et quelques verres de Coca pour me donner de l'énergie. Mais ça ne marche pas. Qu'est-ce que je dois faire?

____

____

____

____

____

2. J'ai 25 ans et je suis généralement en bonne santé. Mais dernièrement j'ai eu des maux de tête terribles. Cela m'arrive surtout en fin d'après-midi et le soir. Je viens de commencer un nouveau travail et je ne peux pas me permettre d'être toujours malade. J'essaie de me reposer un peu après le travail mais j'ai deux jeunes enfants. Avez-vous des suggestions pour moi?

____

____

____

____

____

FORMES ET FONCTIONS

1. Le subjonctif des verbes irréguliers

11-11 La fête. Vous organisez une petite soirée avec des amis pour fêter la fin du semestre. Vous distribuez les responsabilités entre tout le monde. Dites à vos amis ce qu'il faut faire.

- appeler les copains: Dominique et Lucas
- aller au supermarché acheter des chips et du coca: Alain et Béa
- acheter du vin et de la bière: Dominique
- faire un gâteau au chocolat: Lucas
- être à l'heure: Béa
- nettoyer l'appartement: tout le monde

MODÈLE: à Alain et Béa: *Il faut que vous alliez au supermarché acheter des chips et du coca.*

1. à Dominique et Lucas: ____________________

2. à Dominique: ____________________

3. à Lucas: ____________________

4. à Béa: ____________________

5. à nous tous: ____________________

11-12 Attention! Un groupe de journalistes camerounais visite votre campus et dort à la résidence. Expliquez-leur la liste des règles à suivre.

MODÈLES: fermer la porte à clé:
Il faut que vous fermiez la porte à clé.

jeter les cigarettes par terre:
Il ne faut pas que vous jetiez les cigarettes par terre.

1. respecter les autres résidents: ____________________

2. nettoyer votre chambre: ____________________

3. faire la fête après minuit: ____________________

4. boire de l'alcool à la résidence: ____________________

5. fumer à la résidence: ____________________

2. *Le subjonctif avec les expressions de volonté et d'émotion*

11-13 Les raisons plausibles. Pour chaque émotion exprimée, donnez une raison plausible choisie dans la liste ci-dessous. Faites attention à la forme du verbe.

~~mon petit frère est malade~~
son mari est en retard
nous ne pouvons pas dîner ensemble
nous oublions son anniversaire
vous arrivez à l'aéroport demain
vous habitez toujours dans la même maison
on n'a pas assez de place pour tout le monde

MODÈLE: Je suis triste que *mon petit frère soit malade.*

1. Elle est déçue que ____________________

2. Nous sommes contents que ____________________

3. Je regrette que ____________________

4. Elle a peur que ____________________

5. Ils sont étonnés que ____________________

6. Il est dommage que ____________________

Nom: ______________________________ **Date:** ____________________

11-14 Les désirs et les exigences. Complétez ces phrases de manière personnelle.

MODÈLE: Mes parents veulent que je ***réussisse dans la vie.***

1. Ma mère veut que je ______________________________
2. Le médecin veut que je ______________________________
3. Mon père désire que mon frère et moi ______________________________
4 Mes profs exigent que les étudiants ______________________________
5. Mes amis veulent que nous ______________________________
6. Mon ami/e exige que je ______________________________

ÉCRIVONS

11-15 Réflexions personnelles. Un prof de santé vous demande d'écrire des réflexions personnelles sur vos habitudes, celles qui sont bonnes pour la santé physique et mentale et celles qui sont moins bonnes. Il vous demande aussi de penser aux changements que vous aimeriez faire pour être en meilleure santé.

A. Avant d'écrire. Si vous avez fait l'exercice 11-9, vous pouvez utiliser vos réponses pour vous aider à écrire vos réflexions personnelles. Si vous n'avez pas fait l'exercice 11-9, faites-le maintenant.

B. En écrivant. Sur une feuille séparée, rédigez deux ou trois paragraphes qui parlent de vos habitudes et des changements que vous voudriez faire.

MODÈLE: *Je pense que je suis en bonne forme. Je fais du sport assez régulièrement. Je fais du jogging trois ou quatre fois par semaine et je... Je dors sept ou huit heures par nuit et je me repose quand je suis stressé. Je ne bois pas d'alcool et...*

Quelquefois quand j'ai beaucoup de travail et que je suis assez stressé, j'ai tendance à manger trop de chocolat et à boire beaucoup de caféine. Et je...

Il faut que je boive moins de caféine. Je vais essayer de prendre plus de thé et moins de café parce que le thé a beaucoup moins de caféine que le café. Il est aussi important que je...

C. Après avoir écrit. Relisez vos réflexions personnelles. Avez-vous parlé de vos habitudes qui sont bonnes pour la santé aussi bien que de vos habitudes qui sont plus mauvaises? Avez-vous suggéré quelques changements que vous pourriez faire pour être en meilleure forme? Regardez de nouveau vos réflexions. Si vous avez utilisé les expressions ou les verbes de nécessité ou de volonté, vérifiez que le verbe dans la proposition subordonnée est au subjonctif. Regardez attentivement tous les verbes que vous avez employés pour être sûr/e que vous avez la forme correcte.

Leçon 3 Sauvons la Terre et la forêt

POINTS DE DÉPART

11-16 C'est un problème? Expliquez pourquoi on ne doit pas faire ce qu'on fait.

MODÈLE: Je vais en voiture à l'université chaque matin.
Tu produis beaucoup de gaz qui contribuent au réchauffement (warming) *de la Terre.*

1. Ils se promènent dans la forêt en voiture.

   ____

2. Nous mettons les journaux dans la poubelle.

   ____

3. Tu verses de l'huile dans l'évier.

   ____

4. Elle jette ses déchets dans la rue.

   ____

5. J'utilise des produits non-biodégradables.

   ____

Nom: ______________________________ Date: ____________________

11-17 50 façons de sauver la Terre! Aux États-Unis, il existe un livre qui s'appelle *50 façons de sauver la Terre.*[1] C'est un livre qui explique ce qu'il faut faire pour économiser les ressources naturelles. Faites une liste de dix choses différentes que tout le monde pourrait faire pour mieux protéger l'environnement et la planète.

MODÈLE: *1. recycler les bouteilles de coca et de bière*
2. ...

1. ______________________________
2. ______________________________
3. ______________________________
4. ______________________________
5. ______________________________
6. ______________________________
7. ______________________________
8. ______________________________
9. ______________________________
10. ______________________________

[1] *50 Simple Things You Can Do to Save the Earth.* The Earth Works Group. Earthworks Press, 1989.

11-18 Ce qu'on fait chez vous. Indiquez quatre ou cinq choses que les gens de votre communauté font pour protéger l'environnement et cinq choses qu'ils peuvent faire mais qu'ils ne font pas actuellement.

MODÈLE: *À Louisville, si on habite une maison, on peut facilement recycler le verre, les journaux et les boîtes de conserve parce qu'il y a un camion qui s'arrête à chaque maison et emporte les divers matériaux pour le recyclage...*

Malheureusement, les gens qui habitent dans un appartement n'ont pas le même service. La ville devrait organiser le ramassage des matériaux recyclables pour tout le monde...

____
____
____
____
____
____

FORMES ET FONCTIONS

Le subjonctif avec les expressions de doute

11-19 Non, ce n'est pas ça! Vous avez une amie qui n'est jamais d'accord avec ce que les autres disent. Donnez ses réponses.

MODÈLE: Je pense qu'il va faire beau demain.
Moi, je ne pense pas qu'il fasse beau demain.

1. Je pense que nous allons gagner le match de basket ce soir.

   ____

2. Il est évident que les femmes sont plus intelligentes que les hommes.

   ____

3. Je trouve que le français est très facile à apprendre.

   ____

4. Je trouve que le recyclage coûte trop cher.

   ____

5. Il est évident que nous avons des rivières polluées.

   ____

Nom: ______________________ Date: ______________

11-20 Des opinions diverses. Complétez ces phrases pour dire ce que chaque personne ou groupe de personnes pense de l'environnement. Vous pouvez baser vos réponses sur les opinions données ici ou créer vos propres remarques:

- L'air est vraiment pollué.
- Les jeunes vont connaître des problèmes écologiques importants dans l'avenir.
- Le recyclage aide beaucoup.
- Les étudiants font attention à la consommation d'électricité.
- ?

MODÈLE: Ma grand-mère ne pense pas que ***les étudiants fassent attention à la consommation d'électricité.***
Mais, moi je pense que ***les étudiants font attention à la consommation d'électricité.***

1. Mes parents pensent que ______________________

   ____

   Mais moi, je ne pense pas que ______________________

   ____

2. Pour ma sœur, il n'est pas évident que ______________________

   ____

   Pour ma part, il est évident que ______________________

   ____

3. Mon prof de français trouve que ______________________

   ____

   Les étudiants ne trouvent pas que ______________________

   ____

4. Pour le président, il n'est pas évident que ______________________

   ____

   Pour les jeunes, il est évident que ______________________

   ____

ÉCRIVONS

11-21 Protégez le campus. Imaginez que vous faites partie d'un comité d'étudiants qui se mobilisent pour s'occuper de l'état du campus ou de la ville où se trouve votre campus. Créez deux ou trois affiches qui expliquent les problèmes et proposent quelques solutions.

A. Avant d'écrire. Pour commencer, complétez ces activités sur une feuille séparée.

1. Faites une liste de deux ou trois problèmes sérieux sur votre campus.
   (par exemple: *manque (*lack*) de recyclage, trop de voitures, ...*)
2. Pour chaque problème, pensez à deux ou trois solutions.
   (par exemple: *recycler les journaux et les bouteilles de coca, ne pas prendre trop souvent la voiture, ne pas jeter les déchets par terre...*)
3. Pensez à un slogan ou à un titre que vous pouvez utiliser pour vos affiches.

B. En écrivant. Faites deux ou trois affiches sur une feuille de papier séparée.

MODÈLE: *ATTENTION! C'EST À VOUS DE PROTÉGER LE CAMPUS!*
Sur notre beau campus, nous avons des problèmes comme le manque de recyclage et...
Il faut recycler plus!...
Il faut prendre le bus ou le vélo au lieu de la voiture!...
Les jeunes doivent protéger le campus et la ville!...

C. Après avoir écrit. Relisez vos affiches. Est-ce que vous avez parlé des problèmes et suggéré quelques solutions? Est-ce que vos solutions sont réalistes? Vérifiez que vous n'avez pas fait de fautes grammaticales ou de fautes d'orthographe. Si vous voulez, vous pouvez décorer vos affiches (avec des couleurs, des images, etc.) et demander à votre prof de français si vous pouvez les afficher dans la salle de classe.

Nom: ______________________ Date: ______________

LISONS

11-22 Protégeons les jeunes du tabac

A. Avant de lire. You are going to read an editorial about young people and tobacco in France. Before you read, answer the following questions.

1. Christian Peschang, who is described as "**secrétaire général du Comité national contre le tabagisme,**" wrote this editorial. Given this information, what do you think his position about youth and smoking will be?

____

____

2. Consider the title and subtitle: "**Protégeons les jeunes du tabac. Un projet de loi visant à interdire la vente de cigarettes aux jeunes de moins de 16 ans devrait être bientôt débattu à l'Assemblée nationale.**" Now that you know this editorial is about a law being debated by French lawmakers to limit the sale of cigarettes to those 16 and older, what are some of the arguments that Christian Peschang might use to support his position?

____

____

B. En lisant. As you read, look for and supply the following information.

1. Name two other anti-tobacco laws mentioned in the editorial.

____

____

2. According to the writer, how many deaths is tobacco responsible for annually?

____

3. According to the writer, at what age do young French people begin smoking?

____

4. What argument is made by those who oppose the law to forbid the sale of tobacco products to those under sixteen years of age?

____

____

5. What is Christian Peschang's response to this argument?

____

____

6. Christian Peschang argues that one should not renounce a law just because it will not be adhered to perfectly and gives an example of this in another domain. What is this example?

____

____

7. Christian Peshcang ends his editorial with an analogy to another restriction on youth in France. What is this restriction?

____

____

Point de vue | **Par Christian Peschang, secrétaire général du Comité national contre le tabagisme.**

Protégeons les jeunes du tabac

Un projet de loi visant à interdire la vente de cigarettes aux jeunes de moins de 16 ans devrait être bientôt débattu à l'Assemblée nationale.

Rappelons tout d'abord que la lutte contre le tabagisme repose strictement sur des motifs de santé publique. Tous les rapports médicaux qui ont été à l'origine des lois anti-tabac, les lois Veil et Evin, ont démontré que le tabagisme est un réel fléau social qui crée une dépendance. Chaque année, le tabac, dont la consommation ne diminue pas, est responsable d'environ 65 000 décès.

Aujourd'hui, l'âge moyen de découverte du tabac s'abaisse et avoisine les 12-13 ans. Ces différents constats imposent de renforcer les mesures de protection de la jeunesse. Une récente proposition consisterait à interdire la vente de tabac aux mineurs de moins de 16 ans. Une telle mesure ne serait peut-être pas miraculeuse, mais elle pourrait permettre de diminuer la consommation de tabac chez les jeunes.

Ceux qui s'opposent à une telle interdiction parlent d'atteinte à la liberté. C'est une malhonnêteté intellectuelle que de prétendre que chacun serait libre de consommer ou non du tabac car chacun serait conscient des dangers. Qui dit liberté, dit possibilité de choix. Or on peut effectivement choisir de commencer à fumer en achetant son premier paquet de cigarettes. Mais après quelques mois, la dépendance au tabac est telle que le choix d'arrêter du jour au lendemain n'existe plus. La nicotine contenue dans le tabac est une drogue qui crée la dépendance. Quand on devient dépendant, comment parler de liberté?

Certains jeunes pourront sans doute se procurer du tabac par d'autres moyens. Mais on ne sait pas si les plus grands refuseront ou accepteront de leur acheter des cigarettes. Aussi, prenons une comparaison: la limitation de vitesse à 130 km/h sur autoroute n'empêche pas certains automobilistes de violer cette règle et, pourtant, personne ne souhaite supprimer ce principe de limitation de vitesse. Ce n'est pas parce que les lois ne sont jamais parfaitement appliquées qu'il faut y renoncer. D'autant que cette interdiction de vente est tout à fait applicable. La plupart des bureaux de tabac sont aussi des débits de boissons. Si un enfant de moins de 15 ans rentre dans un café et demande un whisky, il est interdit de le servir et tout le monde va trouver cela normal. Pourquoi ne pourrait pas lui refuser un paquet de cigarettes dont les effets sur la santé sont tout aussi graves?

Source: *Les Clés de l'Actualité*, n° 383, du 17 au 23 février 2000

C. Après avoir lu. Now that you've read this editorial, answer the following questions on a separate sheet of paper.

1. How does the proposed restriction on the purchase of tobacco products by minors in France compare with the laws applicable in your city or state?
2. Do you think this law is a good one? Why or why not? Are there any aspects of it that you find surprising? How would this law be perceived in an American context?
3. Do you agree with Christian Peschang's arguments in support of this law? What additional arguments would you raise either for or against the law?

Nom: ______________________ **Date:** ______________

Venez chez nous! L'Écologie dans le monde francophone

11-23 Les Verts. Connaissez-vous le parti politique «les Verts»? Consultez le site Web de ***Chez nous*** pour trouver le lien vers son site officiel en France et complétez ce tableau sur les Verts.

Le Verbs		
Quel est leur symbole?		
Comment adhérer aux Verts?		
Un peu d'histoire: Les deux premiers pays avec des partis Verts:		
Nombre de partis dans La Fédération Européenne des Verts:		
Les trois phases des Verts	**Dates**	**Description**
Première phase:		
Deuxième phase:		
Troisième phase:		

11-24 Les Verts régionaux. Maintenant que vous avez une vue d'ensemble des Verts en France, consultez le site Web de ***Chez nous*** pour trouver des liens vers les sites des Verts régionaux (vous pouvez également trouver des liens à partir du site officiel des Verts en France). Choisissez deux villes ou régions différentes et allez sur leur site Web. Pour chaque ville ou région, écrivez l'adresse, le numéro de téléphone, et l'adresse e-mail ainsi que le nom d'au moins une personne mentionnée sur ce site et son titre (par exemple, secrétaire général, porte-parole, candidat/e…). Plusieurs sites des Verts parlent d'un problème écologique particulier qui concerne leur région. Quel/s problème/s est/sont mentionné/s sur les sites que vous avez consultés? Écrivez un petit paragraphe sur le site que vous avez aimé le plus en décrivant ce qu'il y avait sur ce site et pourquoi vous l'avez choisi.

11-25 Madagascar. Complétez le tableau suivant sur l'île de Madagascar. Vous pouvez consulter votre manuel, des atlas, des encyclopédies, des guides touristiques ou le site Web de ***Chez nous*** pour trouver des liens utiles.

	Madagascar
Situation géographique	
Climat	
Chef-lieu	
Population	
Langues	
Économie	
Aperçu historique	
Flore et faune	

11-26 L'éco-tourisme. Votre manuel parle de l'éco-tourisme en France et ailleurs. Consultez le site Web de ***Chez nous*** pour trouver des liens vers des sites intéressants pour préparer un voyage à Madagascar où vous pouvez faire de l'éco-tourisme. Allez sur un de ces sites pour planifier un voyage à Madagascar. Sur une feuille séparée, rédigez un ou deux paragraphes qui parlent du voyage que vous allez faire. Vous devez préciser où vous allez aller et quelles activités vous allez faire. Vous pouvez aussi inclure d'autres détails (sur la météo par exemple) si vous voulez. Partagez vos propositions de voyage avec des camarades de classe pour voir qui a préparé le voyage le plus intéressant.

Pour aller plus loin: Pour en savoir plus sur la santé, l'éco-tourisme ou Madagascar, l'écologie dans le monde francophone, consultez le site Web de ***Chez nous*** pour découvrir des liens utiles.

Pour réviser: Consultez le site Web de ***Chez nous*** et le CD-ROM de ***Chez nous*** pour trouver des exercices auto-corrigés qui vous aideront à réviser ce que vous avez appris dans ce chapitre.

Nom: ______________________ Date: ______________________

Quoi de neuf? Cinéma et média

Leçon 1 Le grand et le petit écran

POINTS DE DÉPART

12-1 La télé et les habitudes. Parlez des goûts et des habitudes télévisuels des personnes suivantes.

MODÈLE: votre sœur: ***Elle regarde assez souvent la télé. Elle préfère les feuilletons et les séries, mais quelquefois, elle regarde un documentaire ou un film.***

1. votre camarade de chambre: ______________________

____

2. vos parents: ______________________

____

3. vos enfants ou vos nièces et neveux: ______________________

____

4. vous-même: ______________________

____

5. vos grands-parents: ______________________

____

12-2 Choix de vidéos. Imaginez que vous travaillez dans un magasin de vidéos et que des clients demandent votre avis sur les vidéos qu'ils pourraient louer. Donnez-leur des conseils.

MODÈLE: J'aime beaucoup l'histoire, surtout l'histoire européenne.
Alors, louez La reine Margot, *c'est un film historique.*

1. J'adore le suspense et les histoires d'espions.

____

2. J'aime les films amusants.

____

3. Mes petits cousins sont chez moi et je dois trouver un film pour enfants.

____

4. Je suis fanatique de musique.

____

5. Mes amis et moi aimons beaucoup la science-fiction.

____

6. Mon frère aime surtout les films violents avec beaucoup d'action.

____

12-3 Les propositions. Un/e ami/e vous propose de regarder les films suivants. Dites quel film vous préféreriez regarder et pourquoi.

MODÈLE: Voyons… ce soir, il y a un film d'amour et un film d'espionnage. Qu'est-ce que tu préfères?
Moi, j'adore les films d'espionnage. Regardons le film de James Bond avec Pierce Brosnan. Je trouve qu'il est très beau.

1. Voyons… on a le choix entre un drame psychologique et un film d'aventures. Qu'est-ce que tu veux voir?

____

____

2. J'ai envie d'aller au cinéma ce soir. Qu'est-ce que tu préfères, un film historique, un film policier ou une comédie?

____

____

3. Regarde! Ce soir à la télé, ils passent un bon film fantastique et un film policier. Qu'est-ce que tu veux regarder?

____

____

4. Si on louait une vidéo ce soir? Tu as envie de voir un drame psychologique, une comédie musicale ou un film d'aventures?

____

____

Nom: ______________________ Date: ______________

FORMES ET FONCTIONS

1. Les verbes croire et voir

12-4 Qu'est-ce qu'on voit? Donnez au moins deux choses que les personnes suivantes peuvent voir dans l'endroit où elles se trouvent.

MODÈLE: Sarah est au stade. ***Elle voit un match de foot ou un match de base-ball.***

1. M. et Mme Colin sont au musée d'art moderne. ______________________
2. Isabelle est au café avec des amis. ______________________
3. Vous êtes au cinéma. ______________________
4. Nous sommes à la résidence universitaire. ______________________
5. Tu es devant la télévision. ______________________
6. Je suis dans ma chambre. ______________________

12-5 Les vedettes. Comparez les opinions des personnes suivantes à propos de ces vedettes.

MODÈLE: Brad Pitt: vous / vos amies / votre prof de français
Je crois qu'il est super.
Mes amies croient qu'il est très beau et sexy.
Mon prof de français croit qu'il est assez ordinaire.

1. Juliette Binoche: vous / vos amis / vos parents

____
____
____

2. Gérard Depardieu: vous / vos parents / votre prof de français

____
____
____

3. Jane Fonda: vous et vos amis / votre sœur ou frère / vos grands-parents

____
____
____

4. Julia Roberts: vous / votre père / votre camarade de chambre

____
____
____

2. *Le conditionnel*

12-6 Les Césars. Vous travaillez comme interprète pendant les Césars (comme les Oscars mais en France). Aidez les vedettes américaines à parler plus poliment en utilisant le conditionnel.

MODÈLE: Je veux gagner le prix de la meilleure actrice.
Je voudrais gagner le prix de la meilleure actrice.

1. Nous voulons gagner le prix du meilleur film.

   ____

2. Madame, vos enfants ne peuvent pas porter des jeans à cette soirée élégante.

   ____

3. Ma petite, tu dois attendre patiemment les résultats. Ton père va peut-être gagner un prix.

   ____

4. Vous ne devez pas remercier tout le monde. Soyez bref!

   ____

5. Monsieur, votre femme ne doit pas dire du mal des autres actrices.

   ____

12-7 Qui veut gagner des millions? Imaginez que vous jouez comme candidat/e sur **Qui veut gagner des millions**, un jeu télévisé très populaire en France. Qu'est-ce que vos amis, les membres de votre famille et vous-même feriez si vous gagniez un million d'euros?

MODÈLE: vous *J'achèterais une nouvelle voiture.*

1. vous ____
2. votre meilleur/e ami/e ____
3. vos parents ____
4. votre prof de français ____
5. votre ami/e et vous ____

Nom: ______________________ Date: ______________________

ÉCRIVONS

12-8 Le guide-télé. Vous avez des invités francophones chez vous qui voudraient regarder un peu de télévision américaine, même s'ils ne comprennent pas bien l'anglais. Préparez-leur un petit guide-télé en français pour le week-end à venir.

A. Avant d'écrire. Pour commencer, préparez quatre fiches descriptives qui présentent chacune un type d'émission différente.

1. D'abord, donnez comme titre à chaque fiche, un type d'émission que vos invités pourraient regarder. Chaque fiche devrait avoir une émission distincte.
2. Pour chaque type d'émission, complétez la fiche avec le nom d'une émission, l'heure à laquelle on peut la voir et sur quelle chaîne elle passe.
3. Enfin, faites une petite description de chaque émission.

MODÈLE:

une série

Nom: *ER (Urgences)*

Détails: *jeudi soir à 22 h sur NBC*

Description: *C'est un drame médical qui a lieu dans un hôpital à Chicago. C'est assez intéressant et très réaliste. Je crois que c'est une bonne série parce que... Les acteurs sont...*

____

Nom:

Détails:

Description:

____

Nom:

Détails:

Description:

____

Nom:

Détails:

Description:

____

Nom:

Détails:

Description:

B. En écrivant. À partir des fiches que vous avez préparées dans l'exercice A, écrivez votre guide-télé sur une feuille séparée. Commencez avec une introduction générale.

MODÈLE: *Il y a un grand choix de programmes à la télé chez nous. Par exemple, il y a des séries, des dessins animés, des magazines, des... Ce week-end, il y a quelques bonnes émissions. Voici mes suggestions.*

Si vous aimez les séries, je suggère ER (Urgences). C'est un drame médical qui a lieu dans un hôpital à Chicago. C'est assez intéressant et très réaliste. Je crois que c'est une bonne série parce que... Les acteurs sont... Vous pouvez le voir jeudi soir à 22 h sur NBC.

Si vous préférez les...

C. Après avoir écrit. Relisez votre guide-télé. Avez-vous suggéré quatre types d'émissions différentes? Vérifiez que vous avez donné l'heure et la chaîne de chaque émission que vous avez suggérée. Vérifiez ensuite que vous n'avez pas fait de fautes d'orthographe et que les adjectifs que vous avez employés s'accordent avec les noms qu'ils modifient. Échangez votre guide-télé avec vos camarades de classe pour voir combien d'émissions différentes vous avez suggérées.

Nom: ______________________ Date: ______________

On se renseigne

POINTS DE DÉPART

12-9 La lecture. Donnez au moins deux exemples pour chaque type de lecture.

MODÈLE: des journaux nationaux: ***Wall Street Journal, USA Today***

1. des magazines d'informations: ______________________
2. des bandes dessinées: ______________________
3. des ouvrages de référence: ______________________
4. des livres de loisirs: ______________________
5. des romans: ______________________

12-10 Les cadeaux. Vous allez dans une librairie pour acheter des livres pour des membres de votre famille et vos amis. Dites ce que vous allez acheter pour chaque personne et expliquez pourquoi en décrivant les centres d'intérêt de chaque personne.

MODÈLE: votre frère: ***Mon frère est très intellectuel et super intelligent. Il fait des études en sciences de l'environnement. Il aime les livres de science. Je vais lui acheter un livre sur la restauration des écosystèmes aquatiques.***

1. votre meilleur/e ami/e: ______________________
2. votre mère: ______________________
3. votre copain/copine: ______________________
4. votre père: ______________________

12-11 C'est prévisible. Donnez une intrigue caractéristique pour chaque genre.

MODÈLE: un roman d'amour:
Anne travaille comme infirmière dans un hôpital. Elle tombe amoureuse d'un jeune médecin avec qui elle travaille. Mais il ne s'intéresse pas à elle. Alors elle sort avec un autre garçon. Le jeune médecin devient jaloux et il se rend compte (realizes) *qu'il l'aime. Mais c'est trop tard; elle a décidé de se marier avec l'autre homme.*

1. un roman policier: ______________________________

____

____

2. la biographie d'un/e président/e: ______________________________

____

____

3. une bande dessinée: ______________________________

____

____

Nom: ______________________ **Date:** ______________

FORMES ET FONCTIONS

1. L'ordre des événements

12-12 La journée d'Alexandre. Connaissez-vous l'histoire américaine: *Alexander and the Terrible, Horrible, No Good, Very Bad Day*?[1] C'est l'histoire d'un petit garçon qui passe une très mauvaise journée. Expliquez ce qui lui est arrivé en reliant les deux phrases avec l'expression appropriée: **avant de, après avoir, après (s')être**... (N.B. Quand vous voyez le mot **ensuite**, pensez à faire une phrase avec l'expression **avant de**.)

MODÈLE: Alexandre s'est réveillé. Il a découvert du chewing-gum dans ses cheveux.
Après s'être réveillé, Alexandre a découvert du chewing-gum dans ses cheveux.

1. Il a pris le petit déjeuner. Il n'a rien trouvé dans sa boîte de céréales. (Ses frères ont trouvé des cadeaux-surprises dans leurs boîtes de céréales!)

   ____

2. Il a mangé son sandwich à l'école. Il a découvert que sa mère avait oublié son dessert.

   ____

3. Il est allé chez le dentiste. Il a découvert qu'il avait une carie (*cavity*).

   ____

4. Il est sorti du bâtiment. Il est tombé dans la boue (*mud*).

   ____

5. Il a pleuré. Ensuite, il s'est levé.

   ____

6. Il a regardé des gens qui s'embrassaient à la télé. (Alexandre déteste voir ça.) Ensuite, il a pris son bain.

   ____

7. Il a pris son bain. Il devait porter un pyjama avec des trains qu'il n'aime pas du tout.

   ____

8. Il s'est disputé avec ses frères. Ensuite, il s'est couché.

   ____

Quelle mauvaise journée!

[1]*Alexander and the Terrible, Horrible, No Good, Very Bad Day*. Judith Viorst, Simon & Schuster, 1987.

12-13 Les habitudes. Complétez ces phrases en décrivant vos habitudes et celles des autres.

MODÈLE: Avant de quitter ma chambre, *je vérifie que la porte est fermée à clé.*

1. Avant de passer un examen, je ______
2. Après avoir réussi un examen, mes amis et moi ______
3. Avant de faire les devoirs, ma/mon camarade de chambre ______
4. Avant d'écrire un essai, je ______
5. Après m'être levé/e le matin, je ______
6. Après être arrivé dans la salle de classe, le prof de français ______

2. *Les combinaisons de pronoms compléments d'objet*

12-14 Le calendrier. Vous créez un calendrier sur ordinateur. Mais avant de pouvoir le faire, il faut savoir combien de jours, de semaines, etc. il y a dans l'année. Faites des phrases avec les pronoms **y** et **en** pour le préciser.

MODÈLE: jours: *Il y en a 365, sauf dans les années bissextiles où il y en a 366.*

1. semaines: ______
2. mois: ______
3. jours en avril: ______
4. jour/s férié/s en décembre: ______

12-15 Les emprunts. Dites si vous empruntez ces choses à vos amis et à votre famille.

MODÈLES: de l'argent à vos parents? *Je ne leur en emprunte jamais.*

les vêtements à votre camarade de chambre? *Je les lui emprunte quelquefois.*

1. la voiture à votre père? ______
2. des livres à la bibliothèque? ______
3. les notes de cours à vos camarades de classe? ______
4. des vidéos à des amis? ______
5. des stylos à votre prof? ______

Nom: ______________________ **Date:** ______________

ÉCRIVONS

12-16 La critique. Donnez votre opinion sur un livre que vous avez lu récemment.

A. Avant d'écrire. Pour commencer, complétez ces activités sur une feuille séparée.

1. Écrivez le titre du livre et le nom de l'écrivain.
   (par exemple: *Madame Bovary, Gustave Flaubert*)
2. Précisez le genre du livre.
   (par exemple: *un roman*)
3. Faites une liste des personnages principaux ou des idées principales.
   (par exemple: *Emma Bovary, Charles Bovary, Rodolphe…*)

3. Faites un résumé de l'intrigue en un ou deux paragraphes.
   (par exemple: *Emma se marie. Elle n'est pas contente. Elle prend un amant. Elle n'est pas contente. Elle prend un autre amant… Elle n'est toujours pas contente…*)

4. Faites une liste d'adjectifs qui décrivent le livre.
   (par exemple: *intéressant, pas très réaliste…*)

B. En écrivant. Rédigez votre critique sur une feuille séparée. N'oubliez pas de donner votre opinion sur le livre.

MODÈLE: *Je viens de lire un roman qui s'appelle* Madame Bovary. *C'est un roman du dix-neuvième siècle écrit par Gustave Flaubert. C'est l'histoire d'une femme, Emma Bovary, qui se marie avec un médecin de campagne. Son mari est un homme simple et elle rêve d'une vie plus romantique. Elle n'est pas satisfaite de sa vie, alors elle a deux liaisons amoureuses avec d'autres hommes. Mais ces liaisons finissent mal et Emma se suicide.*

J'ai bien aimé ce roman. C'était très intéressant, mais je ne l'ai pas trouvé très réaliste. Je ne comprends pas pourquoi Emma ne pouvait pas être contente d'une vie simple avec un mari qui l'amait beaucoup.

C. Après avoir écrit. Relisez votre critique. Avez-vous inclus les renseignements essentiels comme le titre du livre et le nom de l'auteur? Si vous n'avez pas donné d'autres précisions sur le livre (par exemple le siècle), vous pouvez rajouter ces détails. Relisez le résumé que vous avez fait de l'intrigue. Est-ce qu'il exprime clairement les événements principaux du livre si c'est un roman ou les idées principales s'il s'agit d'un autre type de livre? Avez-vous donné votre opinion? Vérifiez que vous n'avez pas fait de fautes d'orthographe et qu'il n'y a pas de fautes grammaticales.

Leçon 3 Êtes-vous branché?

POINTS DE DÉPART

12-17 Les technophiles. Vous travaillez dans un magasin d'informatique. Les clients vous demandent ce qu'il faut pour chaque situation. Donnez-leur des conseils.

MODÈLE: pour rédiger des lettres et des rapports: ***Il faut un logiciel de traitement de texte.***

1. pour utiliser Windows: ______________________________
2. pour travailler pendant les voyages: ______________________________
3. pour faire marcher un logiciel en couleur: ______________________________
4. pour sauvegarder un fichier: ______________________________
5. pour classer beaucoup d'informations: ______________________________
6. pour communiquer avec des amis: ______________________________
7. pour imprimer: ______________________________

12-18 L'expérience en informatique. Quelles sont les connaissances en informatique des personnes suivantes?

MODÈLE: vous / le traitement de texte:
Je connais bien quelques logiciels, comme Word et WordPerfect.

1. votre amie / les banques de données: ______________________________
____
2. votre frère / un CD-ROM: ______________________________
____
3. vos grands-parents / le courrier électronique: ______________________________
____
4. vous / les moteurs de recherche: ______________________________
____
5. votre mère / un scanner: ______________________________
____
6. vous / un graveur de CD: ______________________________
____

Nom: ______________________ Date: ______________

FORMES ET FONCTIONS

L'emploi des temps avec certaines conjonctions

12-19 Un rapport. Imaginez que votre amie Chantal doit préparer un rapport sur la technologie en France. Mais, comme toujours, elle a du mal à commencer. Donnez-lui des suggestions en complétant ces phrases.

MODÈLE: Dès que tu arriveras à la bibliothèque, ***nous commencerons à écrire.***

1. Si tu trouves quelques articles dans un magazine, ______________________
2. Si tu ne trouves pas les livres que tu cherches, ______________________
3. Pendant que tu es à la bibliothèque, ______________________
4. Quand tu demanderas des renseignements à la documentaliste, ______________________

12-20 Des hypothèses. Dites ce que vous feriez dans les circonstances suivantes.

MODÈLE: Si j'étais malade, ***je rentrerais chez moi et dormirais pendant toute la journée.***

1. Si je gagnais à la loterie, ______________________
2. Si j'avais une nouvelle voiture, ______________________
3. Si je prenais des vacances en Europe, ______________________
4. Si j'étais prof de français, ______________________
5. Si j'étais président/e, ______________________

12-21 Votre vie. Dites ce que vous avez fait et ce que vous voudriez faire dans la vie.

MODÈLE: Quand j'avais 12 ans, ***je suis allée à New York avec mes parents et mes sœurs.***

1. Quand j'avais 16 ans, ______________________
2. Dès que j'ai commencé à étudier à l'université, ______________________
3. Pendant que je suis étudiant/e, ______________________
4. Aussitôt que je finirai mes études à l'université, ______________________
5. Lorsque je me marierai, ______________________

ÉCRIVONS

12-22 La technologie et vous. Quel rôle est-ce que la technologie joue dans votre vie et dans la vie de vos proches? Écrivez un essai dans lequel vous répondez à cette question.

A. Avant d'écrire. Pour commencer, complétez ces activités sur une feuille séparée.

1. Décidez du sujet de l'essai: est-ce que vous allez parler de vous-même seulement ou d'autres personnes aussi? (Par exemple, allez-vous décrire comment votre grand-mère se sert de la technologie maintenant comparé à il y a dix ans quand elle avait très peur des ordinateurs?)
2. Faites du «brainstorming». Écrivez le mot **technologie** sur une page blanche et écrivez tous les mots et les expressions qui vous viennent à l'esprit en réfléchissant au sujet que vous avez choisi dans l'exercice 1.
3. Regardez cette page et essayez de trouver plusieurs thèmes.
4. Quand vous avez identifié les thèmes principaux, essayez d'écrire une bonne introduction.

B. En écrivant. Rédigez votre essai sur une feuille séparée. Essayez d'employer les mots comme: **donc, puis** et **cependant** (*however*).

MODÈLE: *La technologie est très importante pour moi. Je ne crois pas qu'on puisse vivre au vingt-et-unième siècle sans un ordinateur, un répondeur et un fax...*

Pour moi personnellement, la technologie m'aide à avoir de meilleures relations avec mes grands-parents. Ils ont un nouvel ordinateur et ils m'envoient des e-mails toutes les semaines. Je peux leur parler de ma vie à la fac. Quelquefois, je leur envoie des photos que j'ai scannées...

La technologie a peut-être aussi un côté négatif. Par exemple, les gens ne s'écrivent pas beaucoup de lettres de nos jours. De plus,...

Cependant, il est clair que la technologie fait partie de nos vies maintenant. On ne peut pas changer ce fait. Il faut apprendre à vivre avec la technologie.

C. Après avoir écrit. Relisez votre essai. Avez-vous une introduction, un développement et une conclusion? Avez-vous donné des exemples personnels pour rendre votre essai plus intéressant? Sinon, essayez d'en ajouter quelques-uns. Quand vous avez fini de corriger votre essai, relisez-le une dernière fois pour vérifier qu'il n'y a pas de fautes d'orthographe ou de grammaire.

Nom: ______________________ Date: ______________

LISONS

12-23 Apprendre les langues vivantes avec le multimédia

A. Avant de lire. This text is from a special section on learning with multimedia in a magazine written for young people in France. Before you read, answer the following questions.

1. What opportunities do you have in your classes on campus to use multimedia to enhance your learning?

____

____

____

2. Have you ever tried to learn a foreign language (or practice a foreign language) by yourself with a CD-ROM or on the Internet? What was the experience like? If you have not learned or practiced a foreign language in this way, suggest a few reasons why you have not done so.

____

____

____

B. En lisant. As you read, look for and supply the following information.

1. According to the article, list five things that multimedia allows you to do in a foreign language:

____

____

____

2. According to the article, how many products were widely available in 1995? ______________
About how many are now available? ______________ How many new multimedia products reach the market each year? ______________

3. According to the article, is it possible to learn a foreign language with only CD-ROMS and access to the Internet? Why or why not? ______________________

____

____

4. The article lists a few potential risks to learning with multimedia only. What are they?

____

____

5. The author ends the article by comparing the computer screen to something else. What is this other object?

____

And in what three ways does the author claim the two things are similar?

____

____

APPRENDRE LES LANGUES VIVANTES AVEC LE MULTIMÉDIA.

Grâce aux CD-Rom et à Internet, on peut désormais lire, écrire, écouter, comprendre mais aussi parler dans une langue étrangère.

• Pour faire des progrès en anglais, en italien ou même en russe, vous êtes de plus en plus nombreux à vous installer devant votre ordinateur pour un voyage virtuel. Destination: l'école multimédia en version originale ou encore le pays de votre choix, au cœur desquels vous croiserez des personnages en vidéo, converserez avec des autochtones (habitants du pays) qui pourront même corriger votre accent, vous explorerez de nouvelles règles de grammaires, vous enrichirez votre vocabulaire.

• Depuis le milieu des années 90, le marché des CD-Rom d'apprentissage[1] de langues a connu un essor[2] considérable. Alors qu'on ne comptait qu'une vingtaine de produits grand public[3] en 1995, il en existe plus de cent aujourd'hui et une bonne dizaine de nouveautés arrivent sur le marché chaque année. Avec Internet, le voyage virtuel au pays des langues est encore plus direct. En quelques secondes, vous voilà installé au cœur d'un pub londonien pour une conversation passionnée au sujet du dernier Rage against the machine, ou encore projeté sur une plage mexicaine en train de parler surf avec des Latinos mordus de glisse.

• Cependant, si les nouvelles technologies de l'information et de la communication (NTIC) permettent de rendre plus vivantes les déclinaisons allemandes, elles connaissent néanmoins des limites. Impossible d'apprendre dans de bonnes conditions grâce aux seuls CD-Rom et sites Web. Le professeur reste indispensable pour permettre de bien s'approprier la langue, l'utiliser correctement, échanger avec d'autres, être corrigé et avoir envie de progresser. En effet, tout seul devant son écran, on peut certes faire des progrès tout en s'amusant mais on risque aussi parfois d'apprendre à contresens[4] et surtout de se lasser[5]. Un écran, c'est comme la télé, on aime bien regarder mais on est pas toujours sûr de la fiabilité de ce qui nous est conté et on finit souvent par avoir envie de zapper.

[1] *learning* [2] *increase* [3] accessible à tout le monde [4] *the wrong way* [5] se fatiguer, s'ennuyer

C. Après avoir lu. Now that you have read the text, answer the following questions on a separate sheet of paper.

1. Do you agree with the statement: «Le professeur reste indispensable pour permettre de bien s'approprier la langue»? Why or why not?
2. Are your experiences with practicing a foreign language with the help of CD-ROM and the Internet similar to the experiences presented in this article? In what ways? In what ways are they different?
3. Do you think virtual visits on the Internet and e-mails or chat rooms with native speakers can replace traveling to countries where the language is spoken? Why or why not?

Venez chez nous! Le cinéma dans le monde francophone

12-24 Le FESPACO. Votre manuel parle de ce grand festival de film africain qui a lieu tous les deux ans au Burkina Faso. Consultez le site Web de ***Chez nous*** pour trouver le lien vers le site officiel de ce festival et allez sur ce site pour en savoir plus. Selon les renseignements que vous trouvez, répondez aux questions suivantes.

1. Quand va avoir lieu la prochaine édition du FESPACO? ______________________
2. Quand a eu lieu la dernière édition du FESPACO? ______________________
3. Quel était le thème de la dernière édition du FESPACO? ______________________
4. Combien de pays y ont participé? (cliquez sur statistiques) ______________________

Nom: ______________________ Date: ______________

5. Remplissez le tableau avec les noms et les pays d'origine des réalisateurs, des films et des acteurs qui ont gagné les prix suivants du palmarès officiel pour le long métrage:

Palmarès officiel: Long métrage			
	Nom	**Film**	**Pays d'origine**
Prix du meilleur montage			
Prix du meilleur scénario			
Prix de la meilleure interprétation masculine			
Prix de la meilleure interprétation féminine			

12-25 Le Burkina Faso. Qu'est-ce que vous connaissez du Burkina Faso, le pays d'accueil du FESPACO? Complétez le tableau suivant. Vous pouvez consulter votre manuel, des atlas, des guides touristiques, des encyclopédies ou le site Web de ***Chez nous*** pour trouver des liens utiles.

Le Burkina Faso	
Situation géographique	
Climat	
Capital	
Gouvernement	
Population	
Langue officielle	
Langues nationales	
Économie	
Aperçu historique	

12-26 Le Festival de Cannes. Comme vous le savez, il y a un autre festival de cinéma de grande importance en France, le Festival de Cannes. Consultez le site Web de ***Chez nous*** pour trouver le lien vers le site officiel de ce festival. Allez sur ce site et choisissez un film en compétition (de la sélection française). D'après les renseignements que vous trouvez sur ce site, présentez le film. Donnez le titre du film, le nom du réalisateur et des acteurs principaux. Ensuite, écrivez dans vos propres mots un petit résumé du film. (Il ne faut pas copier directement le synopsis du film que vous trouverez sur le site Web du Festival.)

Pour aller plus loin: Pour en savoir plus sur les médias en France et dans le monde francophone, consultez le site Web de ***Chez nous*** pour découvrir des liens utiles.

Pour réviser: Consultez le site Web de ***Chez nous*** et le CD-ROM de ***Chez nous*** pour trouver des exercices auto-corrigés qui vous aideront à réviser ce que vous avez appris dans ce chapitre.

Lab Manual

Virginie Cassidy

University of Maryland, College Park

CHEZ NOUS

BRANCHÉ SUR LE MONDE FRANCOPHONE

Second Edition

Nom: ______________________ **Date:** ______________________

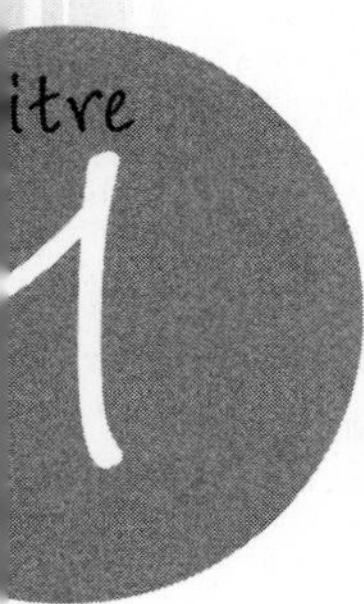

Présentons-nous!

Leçon 1 Je me présente

POINTS DE DÉPART

1-1 Salutations. It is the first day of class when people get acquainted with each other. Listen to each conversation and write its number beside the corresponding picture. Number one has been completed for you as an example.

__3__ a. __2__ d.

__1__ b.

__4__ e.

__5__ c.

1-2 Conversation sans fin. Circle the letter that corresponds to the most appropriate response to each of the pleasantries you hear.

MODÈLE: You hear: Salut, ça va?
You see: **a.** Ça va bien. **b.** Au revoir.
You circle: (a.)

1. **a.** Très bien, et toi? **b.** Enchanté de faire votre connaissance.
2. **a.** Bonjour, Madame. **b.** Je suis de Paris.
3. **a.** Enchanté, Marie. **b.** Pas mal.
4. **a.** Voici mon ami Jacques. **b.** Je m'appelle Jean, Jean Colin.
5. **a.** Au revoir! À demain! **b.** Bonjour, Madame.

FORMES ET FONCTIONS

Les pronoms sujets et le verbe être

1-3 Combien? Listen to each statement, then circle **1** if the subject of the sentence is one person, **1+** if it is more than one person, and **?** if it is impossible to tell from what you hear.

MODÈLE: You hear: Je suis stressé.
You circle: (1) 1+ ?

1. 1 1+ ?
2. 1 1+ ?
3. 1 1+ ?
4. 1 1+ ?
5. 1 1+ ?
6. 1 1+ ?

1-4 Mini-dialogues. Listen to the following exchanges in which people are meeting or greeting each other. Complete each one by writing in the subject and verb forms that you hear.

MODÈLE: You hear: —Comment vas-tu?
—Ça va. Mais je suis très occupé.
You write: —Ça va. Mais *je suis* très occupé.

1. —Ah non, nous sommes très fatigués.
2. —Pas bien. Il est malade.
3. —Ils sont de Bordeaux.
4. —Oui, je suis en pleine forme.
5. —Elle est de Cahors.
6. —Non, je suis de Montréal.

Nom: ______________________ Date: ______________

Mise en pratique

1-5 Tu es d'où?

A. Avant d'écouter. What happens on the first day of class? Do you meet with your friends? Do you begin to make new friends?

____

____

____

____

B. En écoutant. On the first day of school, Gaëlle is meeting old friends and making new ones. The first time you listen to her conversations and those of her friends, complete the first row of the chart below by indicating where each student is from. Then listen again and complete the second row of the chart by indicating how everyone is feeling.

	Stéphanie	Antoine	Gaëlle
Tu es d'où?	de Paris	de Paris	Marseille
Comment ça va?	très bien	ça va bien en forme	très bien

C. Après avoir écouté. Listening to this conversation, how could you tell which students already knew each other and which ones did not? Do you think they will all be friends?

____

____

____

____

____

____

Leçon 2 En salle de classe

POINTS DE DÉPART

1-6 Qu'est-ce que c'est? Yves is helping Andrea, an exchange student, learn helpful vocabulary for her stay in Belgium. Listen to each conversation and write its number beside the corresponding picture. Number one has been completed for you as an example.

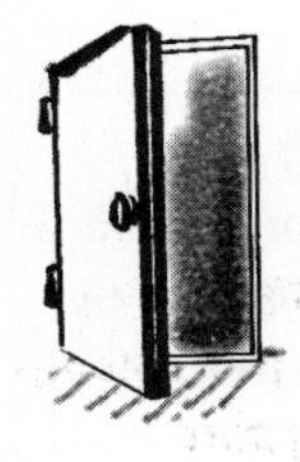

a. 4

b. 6 ?

c. 2

d. 1

e. 8

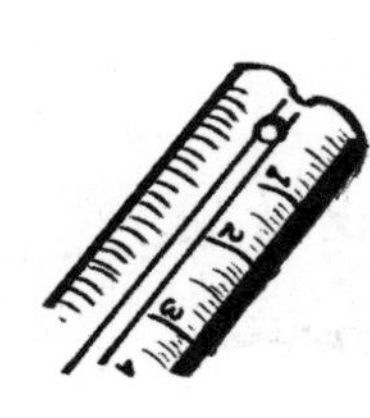

f. 3 ?

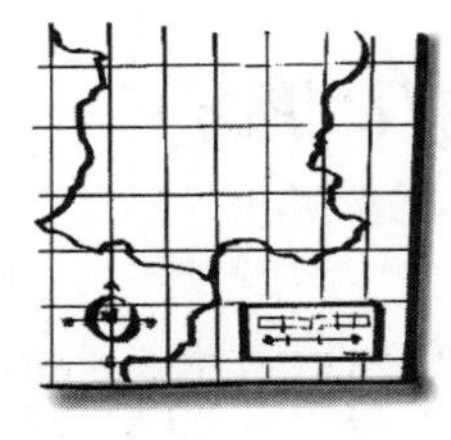

g. 5

h. 7

1-7 Professeur ou étudiant(e)? Listen to the following classroom questions, statements, and directives. Circle **professeur** if the speaker is likely to be a professor, and **étudiant/e** if the speaker is likely to be a student.

MODÈLE: You hear: Allez au tableau!
You circle: professeur étudiant/e

1. professeur étudiant/e
2. professeur étudiant/e
3. professeur étudiant/e
4. professeur étudiant/e
5. professeur étudiant/e
6. professeur étudiant/e

Nom: ______________________ Date: ______________________

SONS ET LETTRES

Les modes articulatoires du français: le rythme

1-8 Combien? Listen as a professor makes requests in class and write the number of syllables that you hear in each sentence.

MODÈLE: You hear: Allez au tableau!
You write: 5

1. 3
2. 5
3. 6
4. 6
5. 7
6. 6

1-9 Une comptine. On their first day of class, young French students are reviewing the songs they know. Listen as the lines of one of their favorites, **Frère Jacques**, are read twice. The first time just listen, following along with the text. The second time, repeat each phrase after the speaker during the pause provided. Remember to pronounce the sentences with even rhythm.

Frère Jacques, frère Jacques,
Dormez-vous? Dormez-vous?
Sonnez les matines, sonnez les matines.
Ding, din, don! Ding, din, don!

FORMES ET FONCTIONS

Identification: voilà, il y a

1-10 Préparation. Mélissa, a new teacher, is checking her classroom before school starts. As you listen, check **spécifique** in the chart below if Mélissa is pointing to something specific, or **en général** if she is simply saying that something is in the classroom. Number one has been completed for you as an example.

	spécifique	en général
1.		✗
2.	X	
3.		X
4.	X	
5.	X	
6.		X

1-11 La salle de classe. Élodie is describing her French classroom to her parents. Listen and write down her statements about what is and is not in the classroom. You may stop the recording while you write.

MODÈLES:	You hear:	Il y a un tableau.
	You write:	***Il y a un tableau.***
	You hear:	Il n'y a pas de crayons.
	You write:	***Il n'y a pas de crayons.***

1. ______________________________
2. ______________________________
3. ______________________________
4. ______________________________
5. ______________________________

2. *Le genre et les articles*

1-12 Masculin ou féminin? Listen to some statements about items in the classroom. Circle **masculin** if the noun in the sentence you hear is masculine; circle **féminin** if it is feminine.

MODÈLES:	You hear:	C'est un livre.	
	You circle:	(masculin)	féminin
	You hear:	Voilà la craie.	
	You circle:	masculin	(féminin)

1. masculin féminin
2. masculin féminin
3. masculin féminin
4. masculin féminin
5. masculin féminin
6. masculin féminin

1-13 Les affaires de Cécile. Nicolas remarks that Laurent has some items on his desk that he would like to borrow for class. As he points them out, however, Laurent notes that each one actually belongs to his sister Cécile. Write down Laurent's responses, following the model.

MODÈLES:	You hear:	Ah, voici un stylo.
	You see:	Oui, ________ de Cécile.
	You write:	Oui, ***c'est le stylo*** de Cécile.

1. Oui, ______________________ de Cécile.
2. Oui, ______________________ de Cécile.
3. Oui, ______________________ de Cécile.
4. Oui, ______________________ de Cécile.
5. Oui, ______________________ de Cécile.

Nom: ______________________________ **Date:** ____________________

Mise en pratique

1-14 Fournitures scolaires.

A. Avant d'écouter. What would you need on your first day of class? Circle the items you would bring to school:

un sac **une chaise**  **un ordinateur** 

B. En écoutant. Madame Merlot is shopping for school supplies for her daughter Camille and her son Mathieu. She and the children do not seem quite to agree on their needs.

1. Listen as Mme Merlot indicates what she is going to buy for each child. In the column labeled **Mme Merlot** in the chart below, circle the name of the child who needs each item.

	Mme Merlot	Mathieu	Camille
un cahier	Camille Mathieu		
une carte de France	Camille Mathieu		
une cassette	Camille Mathieu		
un crayon	Camille Mathieu		
une gomme	Camille Mathieu		
un livre	Camille Mathieu		
un magnétophone	Camille Mathieu		
un stylo	Camille Mathieu		

2. Now listen again and in the column labeled with each child's name, check off the item(s) Mathieu and Camille would like their mother to buy for them.

C. Après avoir écouté. Write down in French what items you regularly use when you're in class and when you're doing your homework.

En classe, j'utilise... ______________________________

Pour mes devoirs, j'utilise... ______________________________

Leçon 3 C'est le combien?

POINTS DE DÉPART

1-15 Le calendrier des fêtes. Stéphane is noting his favorite holidays on his calendar for the year. Complete each of his sentences, writing the dates that you hear.

MODÈLE: You hear: Le 14 février, c'est la Saint-Valentin.
You see: ____________, c'est la Saint-Valentin.
You write: *Le 14 février*, c'est la Saint-Valentin.

1. Le 15 Août, c'est la fête des Acadiens.
2. Le 20 Février, c'est Mardi gras.
3. Le 30 octobre, c'est mon anniversaire.
4. Le 15 Avril, c'est Pâques.
5. Le 6 janvier, c'est l'Épiphanie.
6. Le 24 Juin, c'est la fête nationale du Canada.

1-16 Le cours de maths. On Nadège's first day of class, the math teacher is testing her on mental arithmetic. Complete Nadège's statements with the numbers that you hear.

MODÈLE: You hear: neuf et onze font vingt
You write: *9 + 11* = 20

1. 5 + 13 = 18
2. 31 − 4 = 27
3. 16 − 2 = 14
4. 20 + 6 = 25
5. 8 + 13 = 21
6. 17 − 9 = 8

Nom: ______________________________ Date: ____________________

SONS ET LETTRES

L'alphabet et les accents

1-17 Ça s'écrit comment? Bertrand's professor has asked him to make a list of all the new students in the class. Complete his list by writing down the names you hear as they are spelled out.

MODÈLE: You hear: Je m'appelle Hervé Lelong, L-E-L-O-N-G.
You see: Je m'appelle Hervé ____________.
You write: Je m'appelle Hervé _Lelong_.

1. Je m'appelle Christian ______________________.
2. Je m'appelle Étienne ______________________.
3. Je m'appelle Odile ______________________.
4. Je m'appelle Viviane ______________________.
5. Je m'appelle Robert ______________________.
6. Je m'appelle André ______________________.

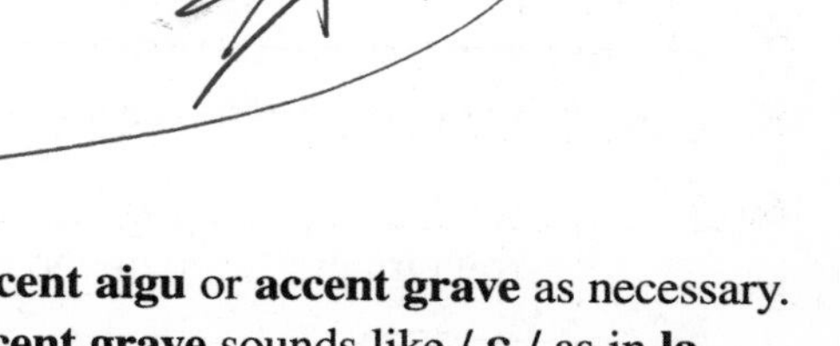

1-18 *é, e* ou *è*? Listen carefully to the words below, then add the **accent aigu** or **accent grave** as necessary. Remember that the **accent aigu** sounds like /e/ as in **février**, and the **accent grave** sounds like / ɛ / as in **la règle**. An **e** without an accent is usually silent or has the sound /ø / as in **le.**

1. demain
2. leve
3. ne
4. reponse
5. fatigue
6. pere
7. repete
8. ecoute

FORMES ET FONCTIONS

1. Le nombre

1-19 Combien? Listen as Louis gives his parents a tour of his classroom. For each thing he mentions, circle **1** if he is pointing to one item and **1+** if he is pointing out more than one item.

MODÈLE: You hear: Voilà des livres.
You circle: 1 (1+)

1. 1 1+
2. 1 1+
3. 1 1+
4. 1 1+
5. 1 1+
6. 1 1+
7. 1 1+
8. 1 1+

1-20 Le petit frère. Mohamed's little brother always wants to take his belongings and their mother constantly reminds him that they are not his. Complete her sentences with the appropriate form of the article.

MODÈLE: You hear: Oh! Des livres!
You see: Attention! Ce sont ______________ de Mohamed.
You write: Attention! Ce sont *les livres* de Mohamed.

1. Attention! Ce sont les + noun de Mohamed. ?
2. Attention! Ce sont ______________ de Mohamed.
3. Attention! Ce sont ______________ de Mohamed.
4. Attention! Ce sont ______________ de Mohamed. A
5. Attention! Ce sont ______________ de Mohamed.
6. Attention! Ce sont ______________ de Mohamed.

2. *Les pronoms disjoints*

1-21 Ensemble ou séparément? Circle **même origine** to indicate when the people mentioned are from the same town and **origine différente** when they are not.

MODÈLE: You hear: Elle et moi, nous sommes de Toulouse.
You circle: (même origine) origine différente

1. (même origine) origine différente
2. même origine (origine différente)
3. même origine (origine différente)
4. même origine (origine différente) A
5. (même origine) origine différente
6. même origine (origine différente)

1-22 Photos de groupe. As Martine tries to identify people in old yearbook photos, answer her questions affirmatively, using the appropriate stressed pronouns. You may stop the recording while you write.

MODÈLE: You hear: C'est Jean-Claude?
You write: *Oui, c'est lui.*

A

1. elle
2. moi
3. vous (?) eux
4. nous
5. Elles
6. lui

Nom: ______________________ Date: ______________

Mise en pratique

1-23 Les présentations.

A. Avant d'écouter. Think about the kinds of things you want to know when you meet somebody for the first time. Circle the types of information you would be likely to ask about:

name **birthday** **shoe size** **hometown** **age** **marital status** **income** **residence**

B. En écoutant. Mme Legrand has asked her students to introduce themselves on the first day of class. You will hear five students' introductions. The first time you listen, complete the first row of the chart below with information about how they are feeling. Then, listen again, and indicate where each student is from. Finally, listen a third time and write down each student's birthday. Some information has already been provided for you.

Prénom	Julie	Christian	Elsa	Caroline	Bernard
Ça va?	*en pleine forme*				
Ville d'origine?	Nice		*Tours*		
Anniversaire?	*le 25 juillet*	4 Avril			

C. Après avoir écouté. Now, write 3–4 sentences in French to introduce yourself in the same manner.

____

____

____

____

____

Nom: ______________________ Date: ______________________

Ma famille et moi

Leçon 1

POINTS DE DÉPART

2-1 C'est qui ça? Jean-François is identifying various family members in a photo album. Confirm what he says by restating the relationships, using an appropriate term from the list below.

un cousin	**une cousine**	**une grand-mère**	**un grand-père**
un neveu	**une nièce**	**un oncle**	**une tante**

MODÈLE : You hear: C'est la sœur de mon père.
You see: Alors c'est ta ______________.
You write: Alors c'est ta *tante*.

1. Alors, c'est ton oncle.
2. Alors, c'est ta cousine.
3. Alors, c'est ton ~~cousin~~ neveu.
4. Alors, c'est ta grand-mère.
5. Alors, c'est ta nièce.
6. Alors, c'est ton cousin.

2-2 Un arbre généalogique. Listen as Georges talks about his family. Fill in each person that he mentions, on the appropriate branch of the family tree below. Here are the names of his family members: **Paul, Jean-Claude, Marie-Pierre, Gilberte, Marlène, Agnès, André, Didier, Monique, Vincent, Jeanne, Geneviève, Pascal**. You may listen to the recording as many times as necessary to understand him.

______ + ______ ______ + ______

______ ______ + ______ ______

______ + ______ *Georges* ______

______ ______

SONS ET LETTRES

Les modes articulatoires du français: la tension

2-3 Comparaison. Listen to the following pairs of words in French and English. For each pair, circle the letter that corresponds to the French word.

MODÈLE: You hear: **a.** fiche **b.** fish
You circle: **a.**

1. a b
2. a b
3. a b
4. a b
5. a b
6. a b

2-4 Prononciation. Listen and repeat the following words, paying particular attention to the sounds /i/ as in **Mimi** and /u/ as in **Doudou**.

1. fils
2. petit-fils
3. discipliné
4. vous
5. bonjour
6. écoutez
7. beaucoup
8. cousin
9. cousine

FORMES ET FONCTIONS

1. Les adjectifs possessifs au singulier

2-5 Combien? Richard and his friends are sorting out their possessions at the end of the year. Listen to each of their statements and circle the correct form of the item(s) mentioned, guided by the possessive adjective that you hear.

MODÈLE: You hear: Voici ta chaise
You circle: chaise chaises

1. lit lits
2. chat chats
3. gomme gommes
4. photo photos
5. calculatrice calculatrices
6. crayon crayons

Nom: ______________________ **Date:** ______________________

2-6 C'est ton oncle? At a family reunion, you are helping a new in-law identify family members. Respond affirmatively to each question, using an appropriate possessive adjective. You may stop the recording while you write.

MODÈLES: You hear: C'est ton oncle?
You write: *Oui, c'est mon oncle.*

You hear: C'est la femme de Roger?
You write: *Oui, c'est sa femme.*

1. ______________________
2. ______________________
3. ______________________
4. ______________________
5. ______________________
6. ______________________
7. ______________________
8. ______________________

2. *Les adjectifs invariables*

2-7 Comment sont-ils? Your friend Alain is telling you all about his relatives over dinner. Complete the chart with adjectives that describe each person. The first column has been completed for you as an example.

	Élodie	Josiane	Patrick	Marie	Fabrice	Lucien
est	*timide*	pessimiste	sympa	réaliste	stressé	conformiste
n'est pas	*dynamique*	optimiste	discipliné	sociable	têtu	pessimiste

2-8 Ma famille et mes amis. Marc seems to have no extreme character traits. For each observation you hear, circle the letter of the phrase that most logically completes the description of this "middle of the road" person.

MODÈLE: You hear: Marc n'est pas calme…
You see: **a.** mais il n'est pas stressé non plus.
b. mais il n'est pas réservé non plus.
You circle: **a.** mais il n'est pas stressé non plus.

1. **a.** mais il n'est pas réaliste non plus.
   b. mais il n'est pas sociable non plus.
2. **a.** mais il n'est pas désagréable non plus.
   b. mais il n'est pas conformiste non plus.
3. **a.** mais il est souvent indiscipliné aussi.
   b. mais il est souvent raisonnable aussi.
4. **a.** mais il est souvent raisonnable aussi.
   b. mais il est souvent pessimiste aussi.
5. **a.** mais il n'est pas vraiment conformiste.
   b. mais il n'est pas vraiment désagréable.
6. **a.** mais il est quelquefois agité.
   b. mais il est quelquefois réservé.
7. **a.** mais il n'est pas timide non plus.
   b. mais il n'est pas optimiste non plus.

Mise en pratique

2-9 Une photo de mariage.

A. Avant d'écouter. Imagine how you might describe a typical bride and groom on their wedding day. Are they **stressés, calmes, optimistes, pessimistes**? Now, listen as Sylvie describes the members of her own family in a wedding photo.

B. En écoutant.

1. As you listen, look at the illustration and write the number of each person that is described in the second column of the chart.

	Number	Trait
Sylvie		
her brother-in-law		
her brother-in-law's parents		
her parents		*très nerveux*
her brother		
her cousin		*adorable*

2. Now listen again and complete the third column of the chart by indicating one personality trait of each person described.

C. Après avoir écouté. Think of a wedding you have recently attended. Write one or two words in French to describe each of the following people: the bride, the groom, the parents of the bride, the flower girl, the best man.

the bride	
the groom	
the parents of the bride	
the flower girl	
the best man	

Nom: ______________________ Date: ______________________

Leçon 2 État civil

POINTS DE DÉPART

2-10 Les numéros de téléphone. Several phone numbers have been left on your answering machine. Circle the name of each person who left the phone number that you hear.

MODÈLE: You hear: 03-20-31-65-47
You see: Marc: 03-20-31-65-47 Abdel: 03-20-31-09-47
You circle: Marc

1. Lola: 05-65-23-55-38 Mylène: 05-65-18-55-38
2. Farida: 04-50-67-42-11 Isabelle: 04-50-74-42-11
3. Laurent: 02-97-22-76-81 Patrick: 02-97-22-76-01
4. Pauline: 01-69-95-08-63 Sophie: 01-69-95-37-63
5. Julien: 03-20-27-38-90 Nicolas: 03-20-27-52-90

2-11 Trois générations. Listen as Jean-François talks about his family and write down the age of each person he mentions.

MODÈLE: You hear: Oncle Jean a 64 ans.
You write: 64

1. ma tante 53
2. ma sœur 13
3. mon père 49
4. ma mère 38
5. mon frère 15
6. mon grand-père 82
7. ma grand-mère 65
8. mon cousin 23

SONS ET LETTRES

La prononciation des chiffres

2-12 Muette ou pas? Listen to the following phrases and mark the silent or pronounced consonants as shown in the models.

MODÈLES: deux enveloppes
trois cahiers

1. cinq enfants
2. dix chaises
3. six oncles
4. six photos
5. trois affiches
6. cinq cousins
7. un bureau
8. deux lits
9. un an

2-13 Une comptine. Listen to the French Canadian version of a traditional French counting rhyme. You will hear it twice. The first time just listen. As it is read a second time, repeat each phrase after the speaker.

Un, deux, trois,
Nous avons un gros chat,
Quatre, cinq, six,
Il a de longues griffes,
Sept, huit, neuf,
Il a mangé un œuf,
Dix, onze, douze,
Il est blanc et rouge.

FORMES ET FONCTIONS

1. Le verbe avoir

2-14 Une famille nombreuse. Alexandra and Olivier are comparing their families. Circle the form of the verb avoir that you hear.

MODÈLE: You hear: Tu as combien de frères?
You circle: ai (as)

1. (ai) a
2. (avons) ont
3. avons (avez)
4. as (a)
5. (ont) a
6. avons (ont)

2-15 Des familles diverses. Michel is comparing his family with his friends' families. Write the subject and verb forms you hear to complete each of his statements.

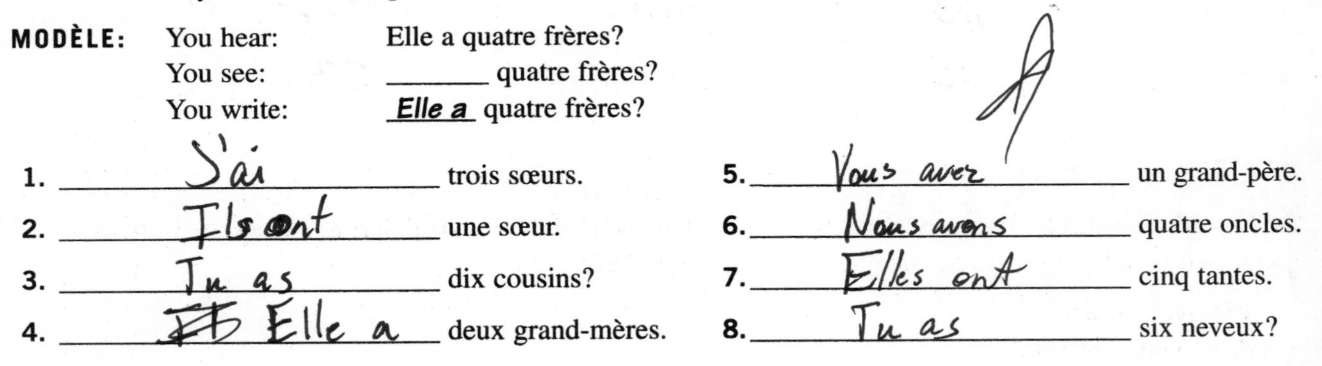

MODÈLE: You hear: Elle a quatre frères?
You see: _______ quatre frères?
You write: *Elle a* quatre frères?

1. J'ai trois sœurs.
2. Ils ont une sœur.
3. Tu as dix cousins?
4. Elle a deux grand-mères.
5. Vous avez un grand-père.
6. Nous avons quatre oncles.
7. Elles ont cinq tantes.
8. Tu as six neveux?

Nom: ______________________________ Date: ____________________

2. *Les adjectifs possessifs au pluriel*

2-16 Combien? Amélie and her friends are sorting out what they bought after shopping for school supplies together. Listen to each of their statements and circle the correct form of the item(s) mentioned, guided by the possessive adjective that you hear.

MODÈLE: You hear: Voici notre magnétophone.
You circle: (magnétophone) magnétophones

1.	stylo	stylos	4.	affiches	affiches
2.	ordinateur	ordinateurs	5.	livre	livres
3.	calculatrice	calculatrices	6.	gomme	gommes

2-17 C'est bien ça? Invited to dinner by Isabelle and her sister Amandine, Caroline wants to learn more about their family. Complete Isabelle's answers to each of Caroline's questions by writing in the correct possessive adjective and the family member to whom she refers.

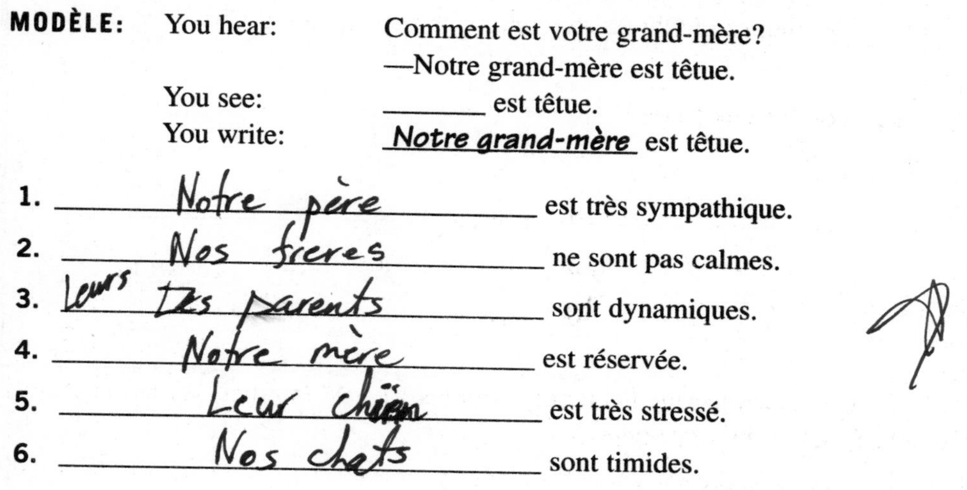

MODÈLE: You hear: Comment est votre grand-mère?
—Notre grand-mère est têtue.
You see: _______ est têtue.
You write: *Notre grand-mère* est têtue.

1. Notre père est très sympathique.
2. Nos frères ne sont pas calmes.
3. Leurs parents sont dynamiques.
4. Notre mère est réservée.
5. Leur chien est très stressé.
6. Nos chats sont timides.

Mise en pratique

2-18 Le sondage.

A. Avant d'écouter. Imagine what kind of questions you might be asked during a marketing survey conducted by telephone. Circle the questions you might hear:

Êtes-vous marié?
Avez-vous un stylo?
Avez-vous des enfants?
Quel est votre anniversaire?
Quel âge avez-vous?

B. En écoutant. Listen as Mme Leroy responds to this survey and fill out the form with her answers. You may listen to the recording as many times as you wish.

FORMULAIRE DE SONDAGE

Nom: *Leroy* Prénom: *Patricia*

Adresse: ____________________

Âge: ______ *ans* Situation familiale: ____________________

Prénom du mari: ____________________ Âge: ______ *ans*

ENFANTS

1. Prénom: ____________________ Âge: ______ *ans*
   Anniversaire: ____________________
2. Prénom: ____________________ Âge: ______ *ans*
   Anniversaire: ____________________
3. Prénom: ____________________ Âge: ______ *ans*
   Anniversaire: ____________________
4. Prénom: ____________________ Âge: ______ *ans*
   Anniversaire: ____________________

C. Après avoir écouté. Now complete a marketing survey form for yourself.

Nom: ____________________

Adresse: ____________________

Âge: ______ Anniversaire: ____________________

Situation familiale: ____________________

Nom: ______________________ **Date:** ______________________

Leçon 3 Nos activités

POINTS DE DÉPART

2-19 Une journée en famille. Listen as Henri talks about his own and other people's leisure time activities. Classify each activity that he mentions in one of the following categories: **musique, activités sportives, autres activités.** Number one has been completed for you as an example.

	Musique	Activités sportives	Autres activités
1. Henri		le tennis	
2. Le père d'Henri	~~chanter~~ la chorale		
3. La sœur d'Henri		le golf	
4. La mère d'Henri			~~regarde~~ le film à la télé
5. Frédéric		le football	
6. Les cousins d'Henri	la musique classique ~~écoute musique~~		
7. Le frère d'Henri	le piano		
8. Le grand-père d'Henri			le jardin

2-20 Une semaine chargée. Listen as Marianne and Louise try to arrange a time to get together. Write down the day of the week when one or the other will be involved in each of the activities listed. Then indicate on which day(s) they would be free to get together.

1. jouer au tennis Jeudi
2. chanter dans une chorale Mercredi
3. travailler dans le jardin Samedi
4. jouer au golf Dimanche
5. préparer le dîner Lundi
6. danser Mardi

What day(s) would they be free to get together? Vendredi

FORMES ET FONCTIONS

1. *Le présent des verbes en –er et la négation*

2-21 Combien? For each statement, circle **1** if the subject of the sentence is one person, **1+** if it is more than one person, and **?** if it is impossible to tell from what you hear.

MODÈLE: You hear: Ilsécoutent une cassette.
You circle: 1 (1+) ?

1. 1 (1+) ?
2. 1 (1+) ?
3. 1 1+ (?)
4. (1) 1+ ?
5. (1) 1+ ?
6. 1 1+ (?)
7. 1 (1+) ?
8. (1) 1+ ?

2-22 Emploi du temps. Sarah has called her niece Emma to invite her and her husband Frank to dinner this week. Listen to their conversation and write the subject and verb form for each sentence.

MODÈLE: You hear: Lundi soir, nous chantons dans une chorale.
You write: *nous chantons*

1. ~~joue au foot~~
2. tu dînes
3. ______________________
4. mes parents invitent
5. nous n'avons pas
6. elle a
7. vous jouez
8. nous aimons

Nom: ______________________ Date: ______________

2. Les questions

2-23 Réponses. Listen to each question and choose the best response from the options below.

MODÈLE: You hear: Tu écoutes une cassette?
You see: **a.** Oui, c'est de la musique classique.
b. Oui, j'adore le foot.
You circle: (a.)

1. **a.** Oui, j'ai un chat. **b.** Non, je déteste le tennis.
2. **a.** Oui, Marie Dubonnet. **b.** Non, je m'appelle Marie.
3. **a.** Si, j'adore le français. **b.** Oui, je parle français. ?
4. **a.** Oui, c'est la sœur de ma mère. **b.** Oui, c'est ma cousine.
5. **a.** Si, j'aime beaucoup le rap. **b.** Non, je préfère le rap.
6. **a.** Non, c'est un magnétophone. **b.** Oui, c'est un magnétophone.

2-24 À vous! Answer each question that you hear in the space provided. You may stop the recording while you write.

1. ______________________
2. ______________________
3. ______________________
4. ______________________
5. ______________________

Mise en pratique

2-25 Trois familles.

A. Avant d'écouter. Suppose you were going to France on an exchange program. What kind of host family would you like to live with? Stop the recording while you indicate your general preferences by checking your choices below.

Âge:	_______ entre 25 et 35 ans	_______ entre 40 et 50 ans
Résidence:	_______ maison	_______ appartement
Enfants:	_______ avec enfants	_______ sans (*without*) enfants
Animaux:	_______ avec animaux	_______ sans animaux
Caractère:	_______ réservé	_______ sociable
Activités:	_______ sportives	_______ tranquilles

B. En écoutant. Now that you've thought about your preferences, use the chart below to organize the information you are about to hear regarding three families who would be willing to have you stay with them. Some information has already been provided for you.

	Mme LEQUIEUX	M. et Mme MOY	M. et Mme JORET
Âge	*40 ans*		
Résidence			*maison*
Enfants		*pas d'enfants*	
Animaux			
Caractère			
Activités préférées			

C. Après avoir écouté. On the basis of the information you have just heard, decide which family you would like to stay with. Describe what you like or do not like about each family. Stop the recording while you write down a few sentences explaining your choice. Begin the paragraph with the phrase «**Ma famille préférée est celle de...**»

MODÈLE: *Ma famille préférée est celle de Mme Lequieux parce qu'elle n'a pas de chat. Je n'aime pas les chats; ils sont têtus...*

____

____

____

____

____

Nom: ______________________ Date: ______________

Voici mes amis

Leçon 1 Mes amis et moi

POINTS DE DÉPART

3-1 Descriptions. Listen to the descriptions of Marianne and her friends, and circle **traits physiques** if physical traits are being described or **traits de caractère** if personality traits are being described.

MODÈLE : You hear: Marianne est mince et jolie.
You see: traits physiques traits de caractère
You circle: (traits physiques) traits de caractère

1. traits physiques (traits de caractère)
2. traits physiques (traits de caractère)
3. (traits physiques) traits de caractère
4. (traits physiques) traits de caractère
5. traits physiques (traits de caractère)
6. traits physiques (traits de caractère)
7. (traits physiques) traits de caractère
8. traits physiques (traits de caractère)

3-2 Portrait positif ou négatif? Listen as Michel talks about some of his new classmates. Write down the adjectives used to describe each person. Then, decide if the portrait is a positive or a negative one, and circle the correct answer.

MODÈLE : You hear: Laure est trop ambitieuse et méchante.
You write: Laure: *ambitieuse, méchante*
You circle: portrait positif (portrait négatif)

1. Martine: gentille et généreuse
   (portrait positif) portrait négatif
2. Murielle: ______________________
   portrait positif (portrait négatif)
3. André: ______________________
   portrait positif (portrait négatif)
4. Marie-Claire: ______________________
   (portrait positif) portrait négatif
5. Françoise: ______________________
   (portrait positif) portrait négatif

SONS ET LETTRES

La détente des consonnes finales

3-3 Qui est-ce? Circle the name you hear, listening for the presence or absence of a pronounced final consonant.

MODÈLE: You hear: C'est Denise.
You circle: Denis (Denise)

1. Clément Clémence
2. François Françoise
3. Jean Jeanne
4. Laurent Laurence
5. Yvon Yvonne
6. Gilbert Gilberte
7. Louis Louise
8. Simon Simone

3-4 Répétez. Repeat these words and phrases after the speaker. Be sure to articulate the final consonants clearly.

1. chic
2. sportif
3. active
4. mal
5. ambitieuse
6. Bonjour, Viviane.
7. Voilà Françoise.
8. C'est ma copine.
9. Elle est intelligente.
10. Nous sommes sportives.

FORMES ET FONCTIONS

1. Les adjectifs variables

3-5 Discrimination. Listen to these descriptions of various men and wowen, and circle in each case the form of the adjective you hear.

MODÈLE: You hear: Je suis amusante.
You circle: amusant (amusante)

1. sportif sportive
2. ambitieux ambitieuse
3. blond blonde
4. sérieux sérieuse
5. pantouflard pantouflarde
6. généreux généreuse

Nom: ______________________ Date: ______________

3-6 Délibérations. At a teacher conference, a professor is giving his opinions of the students in one of his classes. Take notes by writing down the adjectives you hear. Make sure that in each case the adjective agrees with its subject(s).

MODÈLE: You hear: Andrès est intelligente. Elle a 15 sur 20.
You see: ANDRÈS
You write: *intelligente*

1. BERNARD ______________
2. BOIVIN et BRUN très ______________
3. COURTADON et DESCAMPS pas assez ______________
4. FAUST, C. et FAUST, P. très ______________
5. LUTHIN ______________
6. MEYER trop ______________
7. MUFFAT vraiment ______________
8. PATAUD ______________
9. REY trop ______________
10. TOMAS vraiment ______________
11. TUGÈNE très ______________
12. VAUTHIER et WEIL très ______________

2. Les adverbes interrogatifs

3-7 Logique ou pas? Listen as two people exchange questions and answers. Circle **logique** if an answer is a logical response to the question, or **illogique** if it is illogical.

MODÈLE: You hear: —Où est-ce que vous allez?
—Il y a un examen mercredi.
You circle: logique (illogique)

1. logique illogique
2. logique illogique
3. logique illogique
4. logique illogique
5. logique illogique
6. logique illogique
7. logique illogique
8. logique illogique

3-8 On fait connaissance. Bernard's new roommate is asking him many questions. Write the number of each question you hear next to the most likely response. Number one has been completed for you as an example.

3 a. Bernard.
5 b. Oui, bien sûr.
7 c. Ce soir.
2 d. À Trois-Rivières.
8 e. Trois.
1 f. 20 ans.
4 g. Le golf.
6 h. Elle est grande et rousse.

Mise en pratique

3-9 La baby-sitter.

A. Avant d'écouter. Your friend Aline is looking for a baby sitter for her three-year-old daughter and asks for your advice. What qualities would you yourself look for in a female baby sitter? Should she, for example, be **généreuse**, **sympathique**, **énergique**? Stop the recording and make a list in French of three essential qualities you think she should have.

Qualités: ______________ ______________ ______________

B. En écoutant. Now listen to Aline's descriptions of the two most promising candidates, filling in the notecards below. Some information has already been provided for you. You may listen to the recording as many times as necessary.

Nom: *Gaspard, Céline*
Âge: *23 ans*
Physique: ______________
____
Qualités: *Elle est* ______________
____
____
____
Elle n'est pas ______________
____
Elle aime ______________
____

Nom: *Leger, Martine*
Âge: ______________
Physique: *petite*
____
Qualités: *Elle est* ______________
____
____
____
Elle n'est pas ______________
____
Elle aime ______________
____

C. Après avoir écouté. On the basis of the information you have just heard, decide which candidate you think would be the better choice. How will you advise Aline? Stop the recording to write a few sentences explaining your own preferences.

Je préfère ______________ *parce qu'elle est* ______________
____
Et elle n'est pas ______________
____

Nom: ______________________ **Date:** ______________

Leçon 2 Nos loisirs

POINTS DE DÉPART

3-10 Les photos. Listen as Marc describes some photographs he took this weekend. Write down the name of each person he mentions under the appropriate picture. Here are his friends' names: **Didier**, **Laurent**, **Frédéric**, **Christelle**, **Sandrine**, **Thomas**, **Monique**, **Anne-Carole**, **Nicole**, **Antoine**, **Hubert**. The first picture that is described has been identified for you, as an example.

a. Larent + Fréderic

b. Antoine + Hubert

c. Thomes + Monique

d. Christelle

e. Anne Carole + Nicole

f. Sandrine

g. Didier

3-11 Loisirs. Listen to Claude's descriptions of his own and his friends' leisure activities. Complete the chart by indicating what each person does and does not do. The first column has been filled in as an example.

	Claude	Marie	Éric	André	Azédine	Sabrina
joue	*au football*					
ne joue pas	*du piano*					

SONS ET LETTRES

Les voyelles /e/ et /ɛ/

3-12 /e/ ou /ɛ/? Indicate whether the final vowel you hear in each word is /e/ as in **télé** or /ɛ/ as in **bête** by circling the appropriate symbol.

MODÈLE: You hear: société
You see: /e/ /ɛ/
You circle: (/e/) /ɛ/

1. /e/ /ɛ/
2. /e/ /ɛ/
3. /e/ /ɛ/
4. /e/ /ɛ/
5. /e/ /ɛ/
6. /e/ /ɛ/
7. /e/ /ɛ/
8. /e/ /ɛ/

3-13 Répétez. Repeat each of the following words after the speaker. Be careful to distinguish between the sounds /e/ and /ɛ/.

1. bête
2. ma nièce
3. une mère
4. un lycée
5. répétez
6. février
7. les échecs
8. enchanté

Nom: ______________________ Date: ______________

FORMES ET FONCTIONS

1. Les verbes comme préférer et l'emploi de l'infinitif

3-14 Préférences. Indicate how each person feels about each activity mentioned by placing a check mark in the appropriate column of the chart below. Number one has been completed for you as an example.

Activité	Likes a lot	Prefers	Doesn't like	Doesn't like at all
1. jouer de la guitare	✗			
2. jouer du saxophone		X		
3. bricoler				X
4. nager		X		
5. jouer au hockey			X	
6. jouer au rugby				X
7. jouer aux cartes		X		

3-15 Le répondeur. Martine is leaving a message on Muriel's answering machine. Write the subject and verb forms that you hear to complete each of her statements. Remember to include all necessary accents. The first sentence has been completed for you as an example. You may stop the recording while you write.

Bonjour Muriel, c'est Martine. Finalement, *nous préférons* arriver lundi soir plutôt que mardi matin. Est-ce que (1) ______________ manger au restaurant ce soir-là? (2) ______________ le petit restaurant près de la fac. Raymond n'est pas là, (3) ______________ avec son groupe pour leur concert de mercredi soir à Strasbourg. (4) ______________ une autre date pour une prochaine rencontre avec lui? Bon, alors à lundi soir. Si ça ne va pas, téléphone-moi à l'hôtel: c'est le 31.23.19.46. (5) ______________: 31.23.19.46. Bisous! À lundi!

2. *Les prépositions à et de*

3-16 *À ou de?* Listen to each sentence. Circle **à** if the person is going to or is at the place mentioned and **de** if he or she is traveling from or comes from the place mentioned.

MODÈLE: You hear: Elle arrive de Madagascar.
You circle: à (de)

1. à de
2. à de
3. à de
4. à de
5. à de
6. à de
7. à de
8. à de

3-17 C'est à qui? Rémi is packing after a weekend spent at a ski resort with his friends, but finds many objects that do not belong to him. Answer his questions negatively, using the cues to indicate who the owners are. Be careful to use the correct form of **de** and any articles. You may stop the recording while you write.

MODÈLE: You hear: C'est ton livre?
You see: Pierre
You write: ***Non, c'est le livre de Pierre.***

1. la copine de Pierre ______________________
2. Annette ______________________
3. les frères Durand ______________________
4. la monitrice de ski ______________________
5. l'oncle Jean ______________________
6. le moniteur de ski ______________________

Nom: ______________________ Date: ______________

Mise en pratique

3-18 Projets de week-end.

A. Avant d'écouter. Write down in French a few activities that you like, or prefer, in your spare time and a few activities you are not fond of, or actually dislike.

J'aime ____

____

Je préfère ____

____

Je n'aime pas ____

____

Je déteste ____

____

B. En écoutant.

1. Now, listen as Janine, Guillaume and Laurence talk about their own activities. Begin by writing down what activity each person likes in the first row of the chart, and what each prefers in the second. Some information has already been provided for you.

	Janine	Guillaume	Laurence
aime	*inviter des amis à la maison*		
préfère			
n'aime pas		*les jeux de société*	
déteste			

2. Finally, listen again and complete the last two rows of the chart by indicating what activity each person does not like, and what each person actually detests doing.

C. Après avoir écouté. Think about your own preferences as compared to those of Janine, Guillaume, and Laurence. Which of these people do you think you would like to spend the weekend with? Why? Write 2–3 sentences explaining your choice.

Je voudrais passer le week-end avec ______________________ *parce que* ______________

____

____

____

Leçon 3 Nous allons à la fac

POINTS DE DÉPART

3-19 Le campus et les environs. Listen to statements overheard one afternoon in various campus settings. Write the number of each statement on the line next to the speaker's probable location. Number one has been completed for you as an example.

5	au café	4	à la librairie
1	la résidence	8	au stade
7	au labo	6	à la bibliothèque
3	au cinéma	2	au musée

3-20 Quel endroit? Listen to various students' comments and circle the phrases that best complete their sentences.

MODÈLE: You hear: Je suis malade, je vais ...
You circle: (à l'infirmerie) au snack-bar

1. au centre informatique — au gymnase
2. au stade — à l'amphithéâtre
3. à la piscine — à la librairie
4. au laboratoire de langues — à la résidence
5. au restaurant universitaire — au gymnase
6. au bureau du professeur — au stade

FORMES ET FONCTIONS

*1. Le verbe **aller** et le futur proche*

3-21 En général ou bientôt? Circle **en général** if the people mentioned probably do the activity on a regular basis, and **bientôt** if they are going to do the activity soon.

MODÈLE: You hear: Yves va travailler ce soir.
You circle: en général (bientôt)

1. en général — bientôt
2. en général — bientôt
3. en général — bientôt
4. en général — bientôt
5. en général — bientôt
6. en général — bientôt
7. en général — bientôt
8. en général — bientôt

Nom: ______________________ **Date:** ______________________

3-22 Après les cours. Anne-Marie is discussing her after-class activities with her friends. Write the subject and verb forms that you hear to complete their conversation. The first sentence has been completed for you as an example. You may stop the recording while you write.

ANNE-MARIE: Qu'est-ce que *nous allons* faire cet après-midi? Je vais peut-être aller nager un peu. Et toi, Paulette? Tu vas travailler?

PAULETTE: Non, je préfère aller à la piscine avec toi! Mais pas longtemps parce que mes parents vont me téléphoner cet après-midi. Et Mathieu, est-ce qu' il va venir avec nous?

ANNE-MARIE: Demandons-lui… Mathieu, nous allons à la piscine cet après-midi, tu nous accompagnes?

MATHIEU: Oh non! Vous n'allons peut-être pas être d'accord avec moi, mais j'aime mieux préparer l'examen de français pour demain!

2. *L'impératif*

3-23 *Dire, demander* ou *commander*? Listen to each sentence and circle the period if it is a declarative statement, the question mark if it is a question, and the exclamation point if it is a suggestion in the imperative.

MODÈLE: You hear: Asseyez-vous!
You circle: . ? (!)

1. (.) ? !
2. . (?) !
3. . ? (!)
4. . (?) !
5. . ? (!)
6. . ? (!)

3-24 La visite des parents à la résidence. Guillaume's mother is visiting him on campus. Listen to each of her suggestions and write out the missing parts of her sentences, including the command forms of the verbs.

MODÈLE: You hear: Ne regarde pas la télé trop souvent.
You see: _______ trop souvent.
You write: *Ne regarde pas la télé* trop souvent.

1. ______________________ au café après les cours!
2. Toi et tes amis, ______________________ bien pour vos examens!
3. Et ______________________ vos professeurs!
4. ______________________ la fenêtre, il fait trop chaud!
5. ______________________ à ta petite amie tous les soirs!
6. ______________________ manger au snack-bar ce soir!

Mise en pratique

3-25 Un début de semaine chargée.

A. Avant d'écouter. Think about your typical days at school. Where do you usually go? What do you do?

B. En écoutant. Now listen to Elsa and Cédric as they discuss their plans for the next few days. The first time you listen, write down what Cédric is going to do at the times indicated in the chart below. Then listen again and write down what Elsa will do. Some information has been provided for you. You may stop the recording while you write.

		Cédric	Elsa
LUNDI	matin		
	après-midi		
	soir		*aller au théâtre*
MARDI	matin		
	après-midi	*l'examen de français*	
	soir		

C. Après avoir écouté. What do you think Cédric and Elsa will do the rest of the week? What suggestions would you give them? Write your advice in French using the command form (**l'impératif**).

MODÈLE: *Jouez au tennis ensemble!*

____

____

____

____

Nom: ______________________ Date: ______________

Études et professions

Leçon 1 Une formation professionnelle

POINTS DE DÉPART

4-1 Des programmes d'études et des cours. Listen as Gilberte tells what courses she and her friends are taking. Write down each course that is mentioned in the appropriate category. Number one has been completed for you as an example.

Lettres	Sciences humaines	Sciences naturelles	Sciences physiques	Sciences économiques	Beaux-arts
philosophy	sociologie	botany	computer science	accounting	sculpture
french	political science				

4-2 Parlons des cours. Listen as Hervé talks about his schedule at the university of Montpellier, and indicate which courses he has each day. Some information has already been provided for you.

1. lundi *biologie, maths*
2. mardi comp. sci. allemand - German (?)
3. mercredi chemistry chem. lab
4. jeudi comp. sci German
5. vendredi bio lab, math

SONS ET LETTRES

Les voyelles /o/ et /ɔ/

4-3 /o/ ou /ɔ/ ? Indicate whether the vowel you hear is /o/ as in beau or /ɔ/ as in botte, by circling the appropriate symbol.

MODÈLE: You hear: le stylo
You circle: (/o/) /ɔ/

1. /o/ /ɔ/
2. /o/ /ɔ/
3. /o/ /ɔ/
4. /o/ /ɔ/
5. /o/ /ɔ/
6. /o/ /ɔ/
7. /o/ /ɔ/
8. /o/ /ɔ/
9. /o/ /ɔ/
10. /o/ /ɔ/

4-4 Une berceuse. Listen to the words of this traditional French lullaby. Then, as it is read a second time, repeat each phrase in the pause provided.

Fais dodo, Colin, mon p'tit frère,
Fais dodo, t'auras du lolo.
Maman est en haut
Qui fait du gâteau,
Papa est en bas,
Qui fait du chocolat.
Fais dodo, Colin, mon p'tit frère,
Fais dodo, t'auras du lolo.

FORMES ET FONCTIONS

1. Les adjectifs prénominaux

4-5 La visite du campus. Lydie's cousin Marc is visiting her campus. As you listen to each of his observations, circle the letter of the most logical response.

MODÈLE: You hear: Cette fille est très jolie!
You see: **a.** Oui, c'est une jolie fille.
b. Oui, c'est un vieil homme.
You circle: (**a.**)

1. **a.** Oui, c'est une petite bibliothèque.
   b. Oui, c'est une grande bibliothèque.
2. **a.** Oui, c'est une nouvelle piscine.
   b. Oui, c'est une petite piscine.
3. **a.** Non, ce n'est pas un vieux campus.
   b. Oui, c'est un joli campus.
4. **a.** Oui, j'ai de très bonnes notes!
   b. Oui, j'ai de très mauvaises notes!
5. **a.** Oui, c'est un vieux professeur.
   b. Oui, c'est un jeune professeur.

Nom: ______________________________ Date: ____________________

4-6 Une nouvelle vie. Béatrice is on the phone with her family, describing her new lifestyle as a university student. Complete her conversation with the adjectives you hear, paying attention to the form of each adjective. The first sentence has been completed for you as an example.

J'habite un _petit_ appartement près de l'université. J'ai une belle vue sur le campus. Les cours? Ça va bien… Pour l'instant, j'ai de bonne notes dans tous mes cours à part en biologie; le prof donne des mauvaises notes à tout le monde pour les rapports de laboratoire. J'ai mon premier examen d'allemand cet après-midi. J'ai beaucoup de nouveaux amis. Il y a un bel étudiant dans mon cours d'économie. Il s'appelle Damien. Il est de Bordeaux. Nous sommes déjà comme des vieux amis. Sa sœur Catherine est une très jolie fille. Tous les garçons de sa classe l'admirent. Donne de gros bisous à tout le monde de ma part! Au revoir.

2. *Expressions de durée avec* depuis *et* il y a … que

4-7 Le curieux. Karine's new friend is very curious. As you listen, circle the letter of the sentence that most logically answers each of his questions.

MODÈLE: You hear: Depuis combien de temps tu étudies la danse?
You see: **a.** Depuis 1980.
b. Depuis 3 ans.
You circle: **b.**

1. **a.** Il y a trois jours.
   b. Depuis 1998.
2. **a.** Il y a quatre ans.
   b. Depuis 1985.
3. **a.** Il y a cinq jours.
   b. Depuis cinq jours.
4. **a.** Il y a vingt minutes.
   b. Il y a une semaine.
5. **a.** Il y a trois mois.
   b. Depuis 1999.

4-8 Interview. Cédric hopes to become an assistant in the chemistry lab. Indicate how he answers the questions the interviewer asks him, using the cues provided. You may stop the recording while you write.

MODÈLE: You hear: Depuis combien de temps vous attendez?
You see: 10 minutes
You write: ***Depuis 10 minutes.***

1. un semestre ______________________________
2. un an ______________________________
3. 1997 ______________________________
4. trois mois ______________________________
5. 1998 ______________________________

Mise en pratique

4-9 Les Grandes Écoles.

A. Avant d'écouter. Think about what kind of career you want to have and what courses you have to take to prepare yourself for this type of career.

B. En écoutant. Now listen as Élodie, François, and Virginie discuss their plans to study at **les Grandes Écoles**. The first time you listen, write down each person's major. As you listen a second time, fill in the second column with courses they have been taking. Finally, listen a third time and complete the third column with the number of years they have been studying each subject. Some information has already been provided for you.

	Spécialisation	Matières étudiées	Depuis...?
Élodie	*les sciences économiques*	1. *l'économie*	1. *6 ans*
		2.	2.
		3.	3.
François		1.	1.
		2.	2.
		3.	3.
Virginie		1.	1.
		2.	2.
		3.	3.

C. Après avoir écouté. Complete the chart below in French with information about your own studies. Does your own focus most closely resemble that of Élodie, François, or Virginie?

	Spécialisation	Matières étudiées	Depuis...?
Vous-même		1.	1.
		2.	2.
		3.	3.

Nom: ______________________ Date: ______________________

Leçon 2 Choix de carrière

POINTS DE DÉPART

4-10 Quel est son métier? Write the number of each job description you hear beside the appropriate title. Number one has been completed for you as an example.

4 **a.** acteur
7 **b.** architecte
3 **c.** musicien
1 **d.** médecin
5 **e.** professeur
2 **f.** serveuse
6 **g.** informaticienne

4-11 Parlons du travail et de la carrière. As you listen, make a logical assumption about each person's career plans, based on the course of study. You may stop the recording while you write.

MODÈLE: You hear: Ninon suit des cours de biologie et de chimie.
You write: *Elle va devenir pharmacienne.*

1. ______________________
2. ______________________
3. ______________________
4. ______________________
5. ______________________
6. ______________________

SONS ET LETTRES

L'enchaînement et la liaison

4-12 Liaisons dangereuses. Listen and indicate when you hear a liaison consonant by drawing a link from the consonant to the following word.

MODÈLE: You hear: les amis
You write: les_amis

1. un salaire
2. nos amis
3. nous avons
4. un vendeur
5. un écrivain
6. un diplôme
7. en espagnol
8. chez eux
9. c'est ici
10. aux échecs
11. un dentiste
12. elles ont
13. vous avez
14. un petit acteur
15. cet enfant

4-13 Marchons. Listen to the words of a song French children use to mark their pace when hiking. Then, as the words are read a second time, repeat them after the speaker. Be sure to listen for and pronounce any liaisons.

Un éléphant, ça trompe, ça trompe,
Un éléphant, ça trompe énormément!
Un, deux
Deux éléphants, ça trompe, ça trompe,
Deux éléphants, ça trompe énormément!
Un, deux, trois
Trois éléphants, ça trompe, ça trompe,
Trois éléphants, ça trompe énormément!
Un, deux, trois, quatre
Quatre éléphants, ça trompe, ça trompe,
Quatre éléphants, ça trompe énormément!
Un, deux, trois, quatre, cinq
Cinq éléphants, ça trompe, ça trompe,
Cinq éléphants, ça trompe énormément!
Un, deux, trois, quatre, cinq, six
Six éléphants, ça trompe, ça trompe,
Six éléphants, ça trompe énormément!
Un, deux, trois, quatre, cinq, six, sept...

Nom: ______________________________ **Date:** ____________________

FORMES ET FONCTIONS

1. *C'est et il est*

4-14 Qu'est-ce qu'ils font? Michel is writing a report on his friends' careers for a journalism class but does not always keep an objective point of view. Help him fill out his notes. For each person that you hear about, write a complete sentence using **c'est** or **il est**. You may stop the recording while you write.

MODÈLES: You hear: Antoine: informaticien
You write: ***Il est informaticien.***

You hear: Martine: mauvaise institutrice
You write: ***C'est une mauvaise institutrice.***

1. ______________________________
2. ______________________________
3. ______________________________
4. ______________________________
5. ______________________________

4-15 Opinions. Confirm what Hélène says about people she knows by combining her thoughts in single sentences, using the appropriate form of **c'est**. You may stop the recording while you write.

MODÈLE: You hear: Lola est musicienne. Elle est excellente.
You write: ***Oui, c'est une excellente musicienne.***

1. ______________________________
2. ______________________________
3. ______________________________
4. ______________________________
5. ______________________________
6. ______________________________

2. *Les verbes devoir, pouvoir et vouloir*

4-16 Discrimination. Marcel is talking about his own career plans and studies and those of his siblings. Tell whether he is talking about what someone wants to do, can do, or has to do by circling the correct word or expression.

MODÈLE: You hear: Mon frère Jean veut étudier la médecine.
You circle: wants to (circled) can has to

1. wants to can has to
2. wants to can has to
3. wants to can has to
4. wants to can has to
5. wants to can has to
6. wants to can has to
7. wants to can has to
8. wants to can has to

4-17 Décision professionnelle. Emma and Fabienne are discussing their career choices. Circle the form of the verb **devoir**, **pouvoir**, or **vouloir** that you hear.

MODÈLE: You hear: Tu veux devenir médecin?
You circle: veux veut

1. pouvons pouvez
2. doivent doit
3. peut peux
4. dois doit
5. veux veut
6. veulent voulons

Mise en pratique

4-18 Chez la conseillère d'orientation.

A. Avant d'écouter. What kind of questions should one take into consideration when choosing a career? For example: **Vous voulez aider les gens**? **Vous voulez voyager**? **Vous voulez gagner beaucoup d'argent**? Can you think of another possible question?

B. En écoutant. Mélanie is discussing possible career paths with a counselor. Listen to their conversation and answer the questions below by circling the correct responses.

1. Pourquoi est-ce que Mélanie prépare un diplôme de médecine?
   a. Elle adore les maths.
   b. C'est une tradition familiale.
   c. Elle a le tempérament nécessaire.
2. Qu'est-ce que sa conversation avec la conseillère révèle?
   a. Elle fait un travail médiocre en sciences naturelles.
   b. Elle veut avoir un métier qui a beaucoup de prestige.
   c. Elle est trop solitaire pour être médecin.
3. Quelle nouvelle possibilité se présente à la fin de la conversation?
   a. Mélanie va étudier la biologie.
   b. Mélanie va faire de la musique.
   c. Mélanie va devenir actrice.

C. Après avoir écouté.

1. What other career choices could Mélanie pursue? List a few in French.

____

____

2. What career would you yourself like to pursue? Why?

Je voudrais être... ______________________________

parce que... ______________________________

____

____

Nom: ______________________ Date: ______________________

Au travail

POINTS DE DÉPART

4-19 Un entretien. Catherine is calling in reference to an ad for a job. Complete her sentences with the words or expressions that you hear. The first line has been completed for you as an example.

CATHERINE: *Allô* ?

L'EMPLOYÉ: Supermarché Champion. Arnaud à votre service.

CATHERINE: Bonjour Monsieur. J'appelle au sujet de ______________ pour la place de ______________. Je voudrais vous demander quelques renseignements.

L'EMPLOYÉ: Bien sûr, que puis-je faire pour vous?

CATHERINE: C'est ______________?

L'EMPLOYÉ: Ah non, Madame. C'est ______________: 39 heures par semaine.

CATHERINE: Est-ce que vous devez avoir de l'expérience?

L'EMPLOYÉ: Oui, c'est préférable.

CATHERINE: Et quel est ______________?

L'EMPLOYÉ: Ah, ça Madame, je ne peux pas vous dire exactement.

CATHERINE: Oh, je comprends. Merci de votre aide. Au revoir.

L'EMPLOYÉ: Au revoir, Madame.

4-20 Faisons les comptes. Lucien is a sales representative. Listen as he calculates his monthly commissions and write down the numbers that you hear.

MODÈLE: You hear: Pour janvier, ça fait 450 euros.
You see: janvier
You write: *450 euros*

1. février: 567
2. mars: 1 830
3. avril: 976
4. mai: ~~23~~ 2486
5. juin: ~~2486~~ 211
6. juillet: 397

FORMES ET FONCTIONS

1. Les verbes en –re

4-21 Combien? For each statement that you hear, circle **1** if the subject of the sentence is one person and **1+** if it is more than one person.

MODÈLE: You hear: Il attend le bus.
You circle: 1 (1+)

1. 1 1+
2. 1 1+
3. 1 1+
4. 1 1+
5. 1 1+
6. 1 1+

??.

4-22 Au travail. Listen as Florence reads aloud an e-mail she has just written to her parents about her new job and her neighbors. Complete her message with the subject and verb forms that you hear. The first sentence has been completed for you as an example.

Bonjour à tous deux,

Je réponds enfin à votre e-mail. Désolée, mais je suis très occupée avec mon nouveau travail. ______________________ des ordinateurs, c'est intéressant. Mon patron n'est pas souvent au bureau. ______________________ aux clients importants. J'aime beaucoup mon appartement. Mes voisins sont des jeunes mariés: Paul et Jeanne. Paul travaille beaucoup et ______________________ pas son temps non plus. Ils sont très calmes mais quelquefois, ______________________ leur radio. Comme ils habitent l'appartement du dessus, ______________________ dîner avec moi assez souvent. Bon, ______________________ de vos nouvelles avec impatience. Au prochain e-mail! Bisous, Florence.

Nom: ______________________ Date: ______________

2. *La modalité: devoir, pouvoir et vouloir au conditionnel*

4-23 Les conseils. Laure's teacher, mother, and boss are all giving her advice. Listen to each of their suggestions and circle conditionnel if the suggestion is in the **conditional**, or circle **present** if it is in the present tense.

MODÈLE: You hear: Vous devriez travailler plus.
You circle: (conditionnel) présent

1. conditionnel présent
2. conditionnel présent
3. conditionnel présent
4. conditionnel présent
5. conditionnel présent
6. conditionnel présent
7. conditionnel présent
8. conditionnel présent

4-24 La conseillère. An employment counselor is thinking about what she would like to say to various people during her work day. Write down the subject and verb forms that you hear in each of her statements.

MODÈLE: You hear: Viviane, vous devriez chercher du travail.
You see: Viviane, ______ chercher du travail.
You write: Viviane, *vous devriez* chercher du travail.

1. Marie, ______________________ facilement devenir avocate.
2. Paul, ______________________ travailler avec vos parents.
3. Lise, ______________________ changer de carrière.
4. M. Jean, ______________________ trouver un emploi à temps plein?
5. Vous êtes une bonne collègue, mais ______________________ avoir plus de tact.
6. ______________________ revenir la semaine prochaine?

Mise en pratique

4-25 Les annonces à la radio.

A. Avant d'écouter. One option for people looking for a job is to listen to announcements on special radio shows. What kind of information would you expect these radio spots to contain? Make a brief list in English.

B. En écoutant. Listen to the following announcements several times. The first time you listen, simply write down each job that is being offered. The next time you listen, write in the qualifications specified for each job. Finally, fill in the contact information, for example, the phone number or address. Some information has been provided for you as an example.

poste	qualités recherchées	contact
1. *vendeur/vendeuse*	1. *ambitieux*	*Tél: 493-9638*
	2.	
	3.	
2.	1.	
3.	1.	
	2.	
4.	1.	*Adresse: Boîte Postale*
	2.	

C. Après avoir écouté. Do any of the jobs appeal to you? Write down in French which one(s) you would choose and why.

Je voudrais contacter... ____________________

parce que j'aime... ____________________

____

et... ____________________

____

Nom: ______________________ Date: ______________________

Métro, boulot, dodo

Leçon 1 La routine de la journée

POINTS DE DÉPART

5-1 La routine d'Étienne. Listen as Étienne describes his daily routine. Indicate the order in which he performs the activities listed below by filling in the numbered spaces. Some verbs may be used more than once. Number one has been completed for you as an example.

aller au travail, se brosser les dents, se coucher, se déshabiller, dîner, se doucher, s'endormir, s'essuyer, s'habiller, se peigner, se raser, regarder la télé, se réveiller.

1. *se réveiller*
2. ______________________
3. ______________________
4. ______________________
5. ______________________
6. ______________________
7. ______________________
8. ______________________
9. ______________________
10. ______________________
11. ______________________
12. ______________________
13. ______________________
14. ______________________
15. ______________________
16. ______________________

5-2 À quel étage? Laurent works as a concierge in a large apartment building. Listen as he gives information to various visitors to the building and help him update the directory by writing the correct floor and apartment number next to the names of the tenants listed below. The first line has been completed for you as an example.

Nom	Étage	Appartement
M. et Mme Phillipou	cinquième	508
Docteur Mévegand		206
Mlle Thomas	7th	712
M. Camus		401
Mme Truong		609
Professeur Garcia		1003
M. et Mme Sarr		307

SONS ET LETTRES

La voyelle /y/

5-3 /y/ ou /u/? Listen as each pair of words is read. Then listen again as only one of each pair is read. Circle the word you hear the second time.

MODÈLE: Vous entendez: du doux
Vous lisez: du doux
Vous entendez: du
Vous encerclez: (du)

1. bu boue
2. fu loup
3. dessus dessous
4. remue remous
5. vu vous
6. rue roue
7. su sous
8. pu pou

5-4 Répétez. Repeat the following phrases. Be sure to round your lips for the pronunciation of the letter **u.**

1. Bien s**û**r!
2. T**u** f**u**mes?
3. M**u**riel est br**u**ne.
4. L**u**c aime la sc**u**lpt**u**re.
5. Elle ét**u**die la m**u**sique?

Nom: ______________________________ Date: ____________________

FORMES ET FONCTIONS

1. Les verbes pronominaux et les pronoms réfléchis

5-5 Logique ou illogique. Sarah is baby-sitting her niece and has invented a game to entertain her. Her niece must decide if the sentences she hears are logical or not. Play the game yourself, circling **logique** if the statement you hear is logical, or **illogique** if it is illogical.

MODÈLE: Vous entendez: Je me couche, puis je me peigne.
Vous lisez: logique illogique
Vous encerclez: logique (illogique)

1. logique illogique
2. logique illogique
3. logique illogique
4. logique illogique
5. logique illogique
6. logique illogique

5-6 En visite chez tante Régine. Alexandre and Corinne will be spending the weekend with their aunt Régine. Listen as their aunt speaks with Alexandre on the phone about their early-morning routine and complete their sentences with the subject and verb forms that you hear. The first sentence has been completed for you as an example.

ALEXANDRE: Est-ce que _tu te lèves_ tôt, tante Régine?

RÉGINE: En semaine oui, mais pas le week-end. (1)______________________ vers 10 h 00. Et vous, vous dormez facilement?

ALEXANDRE: Oh oui, (2)______________________ et (3)______________________ tout de suite.

RÉGINE: Est-ce que (4)______________________ avant de prendre votre petit déjeuner ou après?

ALEXANDRE: Moi, (5)______________________ avant le petit déjeuner, mais Corinne, (6)______________________ après.

RÉGINE: D'accord. Bon alors, à ce week-end!

ALEXANDRE: Oui, à bientôt.

2. *Les adverbes: intensité, fréquence, quantité*

5-7 Intensité ou fréquence. Listen as Renaud describes the daily routine of his sister Céline. In the chart below, check **intensité** if Renaud is telling to what extent she does certain things or **fréquence** if he is indicating how often she does them. Number one has been completed for you as an example.

	Intensité	Fréquence
1.		✗
2.		X
3.	X	
4.		X
5.		X
6.	X	

5-8 Le vaniteux. Listen as Clément talks about himself to his new schoolmates. Complete his sentences with the correct adverb of intensity, frequency, or quantity that you hear. The first sentence has been completed for you as an example.

J'ai *beaucoup de* jeux électroniques à la maison. Je joue (1) souvent le soir et (2) quelq le matin. J'ai (3) peu de devoirs, alors j'ai (4) beaucoup temps pour jouer. Mon père a (5) assez de argent pour acheter tous les nouveaux jeux. Je (6) n . . . ~~pas de~~ ai pas de frères et ma sœur est à la fac, alors mes parents s'occupent (7) beaucoup de moi. Ma grand-mère pense que mes parents achètent (8) trop de choses inutiles pour moi.

Nom: ______________________ **Date:** ______________

Mise en pratique

5-9 Les commérages de Lucette.

A. Avant d'écouter. In your textbook, you learned about the role of a concierge in French apartment buildings. What kind of things would a concierge be likely to know about the people living in her building?

B. En écoutant. Lucette, a concierge in a Parisian apartment building, is describing her neighbors' habits to her friend Jacqueline.

1. As you listen the first time, fill in the first column of the chart, indicating what floor the person lives on.
2. Listen again and complete the second column of the chart, noting a distinctive habit of each tenant.

	Étage	Habitude
M. Barrot	*troisième*	*Il ne se rase jamais.*
Mme Clémence		
Les enfants Millet		
Les Martin		
M. Roussin		
Mme Lampais		

C. Après avoir écouté. Imagine you lived in Lucette's building. What do you do every day that could characterize you?

Tous les matins, je... ______________________

____

____

____

____

Leçon 2 À quelle heure?

POINTS DE DÉPART

5-10 Les rendez-vous. Sylvie works as a secretary and schedules appointments for her boss. Listen as she summarizes the day's appointments, and note in the chart below the time when each activity has been scheduled. The first column has been completed for you as an example.

Déjeuner	M. Klein	Appel du comptable	M. Rolland	Dîner	Présentation	Train
12 h 30	8h 15	9h 25	4h PM 16h00	19h30	10h AM 00	16h47

5-11 Quelle heure est-il? Listen to the following times and circle **officielle** if the speaker gives the official time or **non-officielle** if the speaker gives the time in an informal manner.

MODÈLE: Vous entendez: Il est 14 h 30.
Vous encerclez: (officielle) non-officielle

1. officielle non-officielle
2. officielle non-officielle
3. officielle non-officielle
4. officielle non-officielle
5. officielle non-officielle
6. officielle non-officielle

Nom: ____________________________ Date: ____________________

FORMES ET FONCTIONS

1. Les verbes en –ir comme ***dormir, sortir, partir***

5-12 Combien? Rachid is waiting for his friend in a café and overhears parts of people's conversations. For each sentence that he hears, circle **1** if the subject of the sentence is one person and **1+** if it is more than one person. Remember that in the plural forms of these verbs, you can hear a final consonant at the end.

MODÈLE: Vous entendez: Il part tôt le matin.
Vous encerclez: (1) 1+

1. 1 1+
2. 1 1+
3. 1 1+
4. 1 1+
5. 1 1+
6. 1 1+
7. 1 1+
8. 1 1+

5-13 Projets de groupe. Adeline is describing a typical weekend for herself and her family. For each of her statements, circle the infinitive form of the verb that you hear.

MODÈLE: Vous entendez: Samedi soir, je sors avec les amis de mon frère.
Vous lisez: dormir partir servir sortir
Vous encerclez: dormir partir servir (sortir)

1. dormir partir servir sortir
2. dormir partir servir sortir
3. dormir partir servir sortir
4. dormir partir servir sortir
5. dormir partir servir sortir
6. dormir partir servir sortir

2. *Le comparatif des adverbes*

5-14 Comparaisons. Christine is comparing her friends. Listen to each of her statements and then circle the sentence that has the same meaning.

MODÈLE: Vous entendez: Pierre a trois stylos et Aline a deux stylos.
Vous lisez: **a.** Pierre a plus de stylos qu'Aline.
b. Pierre a moins de stylos qu'Aline.
Vous encerclez: (**a.**)

1. **a.** Marie se lève moins tard que Robert.
   b. Marie se lève plus tard que Robert.
2. **a.** Nadège joue mieux au basket que sa sœur.
   b. Nadège joue aussi bien au volley que sa sœur.
3. **a.** Charlotte va plus souvent au cinéma que moi.
   b. Charlotte va moins souvent au cinéma que moi.
4. **a.** Frédéric a moins de travail que Raoul.
   b. Frédéric a autant de travail que Raoul.
5. **a.** Sabine se maquille moins rarement qu'Angèle.
   b. Sabine se maquille plus rarement qu'Angèle.

5-15 C'est le contraire! A friend is completely mixed up in the comments he makes to you. Each time that he says something, correct his statement by writing in the opposite. You may stop the recording while you write.

MODÈLE: Vous entendez: Alors, tu danses mieux que ta sœur.
Vous écrivez: Non, non, *je danse moins bien que ma sœur.*

1. Non, non, ______________________________
2. Non, non, ______________________________
3. Non, non, ______________________________
4. Non, non, ______________________________
5. Non, non, ______________________________

Nom: ______________________ Date: ______________

Mise en pratique

5-16 Des messages.

A. Avant d'écouter. Pick up the messages from the answering machine of a French friend who is on vacation. Before you listen, think about what kind of information such messages are likely to contain.

B. En écoutant.

1. Listen to the messages and for each one write down who called in the space labeled **Appel de**.
2. Listen a second time and write down the purpose of the call in the space labeled **Message**.
3. Listen a third time and write down any important details such as phone number, time, meeting place, etc. in the space labeled **À noter**.

Remember, we often listen to messages more than once, even in our native language, particularly when trying to record precise information such as a telephone number. Some information has been filled in as an example.

PENDANT VOTRE ABSENCE

Appel de *ton frère*

Message *le train arrive à*

____

____

____

À noter *appeler au bureau:*

____

____

PENDANT VOTRE ABSENCE

Appel de ______________________

Message ______________________

____

____

____

À noter ______________________

____

____

PENDANT VOTRE ABSENCE

Appel de ______________________

Message ______________________

____

____

____

À noter ______________________

____

____

PENDANT VOTRE ABSENCE

Appel de ______________________

Message ______________________

____

____

____

À noter ______________________

____

____

C. Après avoir écouté.

1. Which messages are from close friends and which from more casual or formal acquaintances? How do you know?

____

____

2. If these messages had been left for you, which activity would you most like and why? Write a few sentences below, explaining your preference.

Je préfère ____

avec ____

parce que ____

____

____

____

Nom: ______________________ **Date:** ______________________

Leçon 3 Qu'est-ce qu'on porte?

POINTS DE DÉPART

5-17 Un cadeau. Madame Capus is deciding what to buy her daughter for her birthday. Write the letter corresponding to each item she considers by the correct number below. Number one has been completed for you as an example.

1. d
2. b
3. h
4. f
5. e
6. a
7. g
8. c

5-18 Conseils inattendus. Hervé and Anne's grandmother likes to give advice about what they should wear but she is not always right. Each time she speaks, circle **logique** if her advice is logical and **illogique** if it is illogical.

MODÈLE: Vous entendez: Anne, met ton short si tu vas nager.
Vous encerclez: logique (illogique)

1. logique illogique
2. logique illogique
3. logique illogique
4. logique illogique
5. logique illogique
6. logique illogique
7. logique illogique
8. logique illogique

SONS ET LETTRES

Les voyelles /ø/ et /œ/

5-19 Lequel? Listen and indicate whether the sound you hear is like the /ø/ in **bleu,** or like the /œ/ in **leur** by circling the appropriate symbol.

MODÈLE: Vous entendez: fameux
Vous encerclez: (/ø/) /œ/

1. /ø/ /œ/
2. /ø/ /œ/
3.  
4. /ø/ /œ/
5. /ø/ /œ/
6. /ø/ /œ/

5-20 Répétez. Repeat the following phrases, taken from French poems and traditional songs. Pay careful attention to the sounds /ø/ and /œ/.

1. «Il pl**eu**re dans mon c**œu**r comme il pl**eu**t sur la ville.» (*Paul Verlaine*)
2. «Tirez-lui la qu**eue**. Il pondra des **œu**fs.» (*Chanson enfantine*)
3. «Mon enfant, ma s**œu**r songe à la douc**eu**r…» (*Charles Baudelaire*)
4. «… les charmes si mystéri**eu**x de tes traîtres y**eu**x…» (*Charles Baudelaire*)

Nom: ______________________________ Date: ____________________

FORMES ET FONCTIONS

1. Les verbes comme acheter et appeler

5-21 Au magasin de vêtements. Listen to the snatches of conversation that Françoise overhears as she waits in line to have her purchases rung up. For each statement, write the infinitive form of the verb you hear.

MODÈLE: Vous entendez: Ma sœur achète beaucoup de vêtements.
Vous écrivez: *acheter*

1. ______________________
2. ______________________
3. ______________________
4. ______________________
5. ______________________
6. ______________________

5-22 Problèmes de compréhension. Marine is talking to her grandfather who can't quite hear everything she says. Complete their exchanges by filling in the subject and verb forms that you hear.

MODÈLE: Vous entendez: —Tu achètes une nouvelle maison?
—Non, papi! Nous achetons une nouvelle voiture.
Vous lisez: —_______ une nouvelle maison?
—Non, papi! _______ une nouvelle voiture.
Vous écrivez: *Tu achètes* une nouvelle maison?
Non, papi! *Nous achetons* une nouvelle voiture.

1. —______________________ son nom quand il est stressé?
—Non, papi! ______________________ son nom avec un G!

2. —______________________ votre téléphone?
—Non, papi! ______________________ mes vieilles factures de téléphone (*phone bills*)!

3. —______________________ du pain quand je suis invité?
—Non, papi! Toi et mamie, ______________________ souvent du vin quand vous êtes invités!

4. —______________________ ta sœur Corinne tous les jours!
—Non, papi! ______________________ Corinne toutes les semaines!

2. *La comparatif des adjectifs*

5-23 Entre frères et sœurs. Jean-Marc is comparing his siblings. Circle **son frère** to indicate that his brother has more of the quality he mentions, or **sa sœur** to indicate that his sister has more. Circle **les deux** to indicate that brother and sister are alike in the quality mentioned. Listen carefully!

MODÈLE: Vous entendez: Mon frère est plus grand que ma sœur.
Vous encerclez: (son frère) sa sœur les deux

1. son frère sa sœur les deux
2. son frère sa sœur les deux
3. son frère sa sœur les deux
4. son frère sa sœur les deux
5. son frère sa sœur les deux
6. son frère sa sœur les deux
7. son frère sa sœur les deux
8. son frère sa sœur les deux

5-24 Au magasin. Patricia and Delphine are shopping for clothes at the **Galeries Lafayettes.** Listen as Patricia voices her opinions regarding Delphine's choices, and complete her sentences with the comparative form of the adjectives that you hear. Pay attention to the agreement of the adjectives.

MODÈLE: Vous entendez: La jupe bleue est plus longue que la jupe rouge.
Vous lisez: La jupe bleue est _______ la jupe rouge.
Vous écrivez: La jupe bleue est *plus longue que* la jupe rouge.

1. Le short beige est ______________________________ le short noir.
2. La robe grise fait ______________________________ la robe blanche.
3. Les chaussures marron sont ______________________________ les chaussures beiges.
4. Le pull-over jaune ______________________________ le pull-over rouge.
5. La robe bleue est ______________________________ la robe noire.
6. La chemise rouge est ______________________________ la chemise grise.

Nom: ______________________ Date: ______________

Mise en pratique

5-25 La Redoute, j'écoute.

A. Avant d'écouter. If you were shopping from a clothing company's catalog, what kind of information would you probably need to provide when you called to place an order?

B. En écoutant. Delphine has decided to order items from **La Redoute**'s catalog. As you listen to the sales representative taking her order over the phone, complete the order form as follows:

1. The first time you listen, fill in the information about the customer: name, address, and phone number.
2. The second time you listen, list the items ordered by the customer, including the colors.
3. The third time you listen, indicate the size and the price of the items ordered.

Some information has been provided for you.

BON DE COMMANDE

Nom: ______________________

Adresse: *rue Laclos* ______________________

____

Téléphone: ______________________

Description de l'article	Couleur	Taille	Prix
un tee-shirt Adidas	*bleu et blanc*	*38/40*	*6,40 euros*

C. Après avoir écouté. Do you ever order clothes from a catalog? What type of clothes do you order from a catalog and what type of clothes do you buy from a store?

MODÈLE: *Je préfère acheter mes vêtements au magasin parce que j'aime comparer les couleurs.*

____

____

____

____

Nom: ______________________ Date: ______________

Mise en pratique

6-25 Des projets pour ce soir. Your friend Denise has left several messages on your answering machine proposing possible activities for this evening. You pick them up when you get home and must sort them out.

A. Avant d'écouter. Remember, we often listen to messages more than once, even in our native language, particularly when trying to record precise information. What sorts of precise information might you expect Denise's messages to include? Write your responses in English in the space provided below.

____

____

B. En écoutant. Now listen to each of Denise's messages, and note the important information below. Some information has been provided for you as an example.

1. Activité #1

   Type of activity: *Festival de ciné en plein air* Time: *22 h 00* Cost: *gratuit*

   Additional information: ____

   ____

2. Activité #2

   Type of activity: ______________ Time: ________ Cost: ________

   Additional information: ____

   ____

3. Activité #3

   Type of activity: ______________ Time: ________ Cost: ________

   Additional information: ____

   ____

C. Après avoir écouté. Decide which of the three activities you would prefer. Write down 3–4 sentences in French to explain your choice.

Je voudrais ____

parce que ____

____

____

Nom: ______________________ Date: ______________

itre

0 Voyageons!

Leçon 1 Projets de voyage

POINTS DE DÉPART

10-1 Comment y aller? Marianne works in a travel agency. Listen as she talks about her customers' trips and write down the means of transportation she has arranged for each customer.

MODÈLE: Vous entendez: M. Drouet fait une randonnée à vélo dans l'Aveyron.
Vous lisez: M. Drouet fait une randonnée ______ dans l'Aveyron.
Vous écrivez: M. Drouet fait une randonnée *à vélo* dans l'Aveyron.

1. Les Smith retournent en Angleterre ______________________.
2. Pour aller à Versailles, prenez ______________________.
3. Ils sont allés en Russie ______________________.
4. Les Lefèvre font un circuit en Corse ______________________.
5. Pour voyager dans Paris, je vous conseille de prendre ______________________.
6. Pour partir en Belgique, vous pouvez louer ______________________.

10-2 Excursions. M. and Mme Leclerc are thinking about what they need to take with them on a day excursion that is part of their vacation package. Write the number of each of M. Leclerc's statements that you hear next to the item he is describing. Number one has been completed for you as an example.

______ **a.** un portefeuille

1 **b.** une carte bancaire

______ **c.** les passeports

______ **d.** un appareil-photo

______ **e.** un porte-monnaie

______ **f.** les clés

SONS ET LETTRES

La liaison obligatoire

10-3 Discrimination. Listen to the following phrases and circle the letter of the phrase where you hear a **liaison**.

MODÈLE: Vous entendez: **a.** des voitures
b. des autos
Vous encerclez: a (b)

1. a b
2. a b
3. a b
4. a b
5. a b
6. a b

10-4 Répétition. Listen to the following sentences and repeat, paying careful attention to the **liaisons.**

1. Nous avons attendu l'avion pendant trois heures.
2. Les hôtels sont souvent de grands immeubles.
3. Nous avons choisi un mauvais itinéraire.
4. Nous avons admiré de beaux oiseaux aux Antilles.
5. Ils ont acheté des nouveaux appareils-photos.

FORMES ET FONCTIONS

1. Le futur

10-5 Projets de vacances. Antoine and Sabine are discussing their vacation plans. For each statement that you hear, circle **c'est sûr** if the plan is definite or **c'est moins sûr** if the plan is less definite.

MODÈLE: Vous entendez: Je vais partir en Australie cet été.
Vous encerclez: (c'est sûr) c'est moins sûr

1. c'est sûr c'est moins sûr
2. c'est sûr c'est moins sûr
3. c'est sûr c'est moins sûr
4. c'est sûr c'est moins sûr
5. c'est sûr c'est moins sûr
6. c'est sûr c'est moins sûr

Nom: ______________________ Date: ______________________

10-6 Optimisme. A group of friends is going to leave on a trip in one week. Listen as they divide up among themselves the related tasks that must be completed. Circle the correct verb form that you hear in each statement.

MODÈLE: Vous entendez: Paul achètera les pellicules.
Vous encerclez: (achètera) achèteras

1.	téléphonerai	téléphonerez	**4.**	feront	ferons
2.	iront	irons	**5.**	préparerons	prépareront
3.	chercherai	chercherez	**6.**	appelleras	appellera

2. *Le pronom y*

10-7 On y va! Listen to snatches of conversation in which people say why they are going somewhere. Indicate where each person is probably going by writing the number of his or her sentence next to the appropriate destination. Number one has been completed for you as an example.

_______ **a.** à l'aéroport

_______ **b.** en Allemagne

_______ **c.** dans les Alpes

_______ **d.** en Angleterre

_______ **e.** à la banque

_______ **f.** au bord de la mer

_______ **g.** en Italie

___*1*___ **h.** à Paris

10-8 Projets de voyage. You and a friend are going on a trip but your friend is not aware of the details because you have made all of the arrangements. Respond affirmatively to your friend's questions using the pronoun **y**. You may stop the recording while you write.

MODÈLE: Vous entendez: On va d'abord à Paris?
Vous écrivez: ***Oui, on y va d'abord.***

1. ____

2. ____

3. ____

4. ____

5. ____

Mise en pratique

10-9 Prêt pour le départ!

A. Avant d'écouter. Imagine that you are leaving for a trip abroad. Make a list, in French, of five or six items you would take in your carry-on bag.

____

____

____

B. En écoutant. Sylvie and Bertrand are going to Tunisia for their honeymoon. When they arrive at the airport, they realize one of their bags is missing.

1. Listen a first time and check off the items in the list below that were in their lost bag.

______ appareil-photo	______ passeports	______ plan de la ville
______ clés de voiture	______ pellicules	______ portefeuille
______ lunettes de soleil	______ permis de conduire	______ porte-monnaie

2. Listen a second time and complete the following sentences in French.

a. Quand ils arrivent à l'hôtel, Bernard et Sylvie

____

b. Demain, ils

____

c. S'ils ne retrouvent pas leur sac, ils

____

d. Bernard est: optimiste réaliste pessimiste

C. Après avoir écouté. Have you ever been in a situation similar to that of Bernard and Sylvie? What did you do? Did you recover your bag? Write 3–4 sentences in French telling about your experience.

MODÈLE: *Quand je suis allée en Floride avec des amies, j'ai perdu une valise. J'étais très en colère parce que c'était la valise avec mon maillot de bain. C'est difficile de trouver un maillot de bain! Mais je suis allée au magasin à Fort Myers et j'en ai acheté un nouveau.*

____

____

____

____

____

Nom: ______________________ Date: ______________________

Destinations

POINTS DE DÉPART

10-10 Les passeports. Karim works for a cruise line and must inquire about passengers' nationalities before they disembark. For each statement that you hear, write down the person's country of origin.

MODÈLE: Vous entendez: Je suis algérienne.
Vous écrivez: *l'Algérie*

1. ______________________
2. ______________________
3. ______________________
4. ______________________
5. ______________________
6. ______________________

10-11 En croisière. On the cruise ship, Hélène is meeting people from all over the world. For each of her questions, circle the letter corresponding to the most logical response.

MODÈLE: Vous entendez: Vous êtes de Suisse?
Vous lisez: **a.** Oui, je suis suisse.
b. Oui, je suis américaine.
Vous encerclez: (a.)

1. **a.** Oui, je suis italienne.
   b. Oui, je suis anglaise.
2. **a.** Nous sommes français.
   b. Nous sommes canadiens.
3. **a.** Je suis japonaise.
   b. Je suis chinoise.
4. **a.** On est brésilien.
   b. On est camerounais.
5. **a.** Je suis sénégalaise.
   b. Je suis australienne.
6. **a.** Je suis colombien.
   b. Je suis marocain.

SONS ET LETTRES

La liaison avec t, n et r

10-12 Liaison? Listen carefully to the following groups of words, and circle the words that contain a liaison consonant.

MODÈLE: Vous entendez: un hôtel
Vous encerclez: (un) hôtel

1. une grosse auto
2. un grand hôtel
3. une belle histoire
4. mes vieux amis
5. un gros homme
6. les autres étés
7. une bonne omelette
8. mon oncle
9. un avocat
10. une étudiante

10-13 Phrases. Repeat each of the following sentences after the speaker in the pause provided.

1. Voici Massimo, il est italien. C'est un bon ami à nous.
2. Je suis heureuse de faire votre connaissance. Très heureuse.
3. Vous êtes déjà allé en Italie?
4. Non, mais nous y allons cet été.
5. Nous partons le vingt et un juillet.

FORMES ET FONCTIONS

1. Les prépositions avec les noms de lieu

10-14 Les escales. Patrick is a pilot who has been all over the world. Listen to each of his statements and indicate where he has had a layover by circling the appropriate letter.

MODÈLE: Vous entendez: On est passé par Sydney.
Vous lisez: **a.** Il est allé en Australie.
b. Il est allé en France.
Vous encerclez: (**a.**)

1. **a.** Il est allé en Italie.
   b. Il est allé en Belgique.
2. **a.** Il est allé aux États-Unis.
   b. Il est allé en Suisse.
3. **a.** Il est allé au Portugal.
   b. Il est allé au Mexique.
4. **a.** Il est allé au Sénégal.
   b. Il est allé au Japon.
5. **a.** Il est allé en Allemagne.
   b. Il est allé en Espagne.
6. **a.** Il est allé en Colombie.
   b. Il est allé en Algérie.

Nom: ______________________ **Date:** ______________

10-15 Projets de voyage. Leïla would like to be a world traveler. Whenever one of her friends mentions a place, she indicates that she would like to go there. Listen to her friends' statements and complete her responses. Be careful about the use of prepositions!

MODÈLE: Vous entendez: Mon professeur est du Sénégal.
Vous lisez: Je voudrais aller ______.
Vous écrivez: Je voudrais aller *au Sénégal*.

1. Je voudrais aller ______________________.
2. Je voudrais aller ______________________.
3. Je voudrais aller ______________________.
4. Je voudrais aller ______________________.
5. Je voudrais aller ______________________.
6. Je voudrais aller ______________________.

2. *Le verbe venir*

10-16 Combien? While waiting for your plane at the airport, you overhear a woman talking about her children and grandchildren. For each statement that you hear, circle **1** if the subject of the sentence is one person and **1+** if it is more than one person.

MODÈLE: Vous entendez: Il revient d'Australie.
Vous encerclez: (1) 1+

1. 1 1+
2. 1 1+
3. 1 1+
4. 1 1+
5. 1 1+
6. 1 1+
7. 1 1+
8. 1 1+

10-17 Programme. Marcel and Jacqueline are about to take a vacation in Asia. Listen as they review their travel plans; for each of their statements, write down the subject and verb form that you hear.

MODÈLE: Vous entendez: Je viens de téléphoner à l'agence.
Vous écrivez: *Je viens*

1. ______________________
2. ______________________
3. ______________________
4. ______________________
5. ______________________
6. ______________________

Mise en pratique

10-18 Les voyages organisés.

A. Avant d'écouter. Imagine that you could make a trip around the world. Make a list, in French, of the countries you would like to visit.

____

____

B. En écoutant. Estelle Picard and Christophe Fouquier are attending an information session on organized trips by the travel company **Voyage ensemble**.

1. The first time you listen, circle the letters that correspond to the destinations offered by the travel agent.

   a. la Tunisie **c.** l'Argentine **e.** l'Australie **g.** le Mexique
   b. l'Espagne **d.** l'Italie **f.** l'Angleterre **h.** la Martinique

2. The second time you listen, identify the destinations Estelle and Christophe have chosen.

   Christophe: ____

   Estelle: ____

3. The third time you listen, give a reason why they each chose his/her destination.

   Christophe: ____

   ____

   Estelle: ____

   ____

C. Après avoir écouté. Which of these destinations would you choose for yourself? Write 3–4 sentences to explain your choice.

Je choisis ______________ *parce que* ______________________________

____

____

____

____

Nom: ______________________________ **Date:** ____________________

Faisons du tourisme!

POINTS DE DÉPART

10-19 L'hôtel de la Licorne. Roger is vacationing in the South of France with his family. Listen to his conversation with the desk receptionist when he arrives at the hotel. For each statement that you hear, circle the letter corresponding to the most logical response.

MODÈLE: Vous entendez: Bonjour, nous avons une réservation.
Vous lisez: **a.** C'est à quel nom?
b. Quel âge avez-vous?
Vous encerclez: (**a.**)

1. **a.** Oui, nous sommes arrivés à l'heure.
b. Non, nous avons demandé deux chambres.

2. **a.** Nous préférons avoir une douche.
b. Nous préférons avoir la télévision.

3. **a.** Nous restons quatre jours.
b. Nous sommes partis hier.

4. **a.** Nous devons appeler la banque.
b. Nous payons par carte de crédit.

5. **a.** Non merci, ça ira.
b. Nous sommes trop fatigués pour sortir.

6. **a.** Je vous appellerai demain.
b. C'est très gentil à vous, merci!

10-20 Comment se renseigner. You are visiting Tours. Imagine that you are in front of the **Faculté** in Tours, with your back to the Loire. Listen to the five sets of directions, each beginning at the **Faculté**, and use the map below to find your point of arrival. Write down your point of arrival in each case. You may stop the recording while you write.

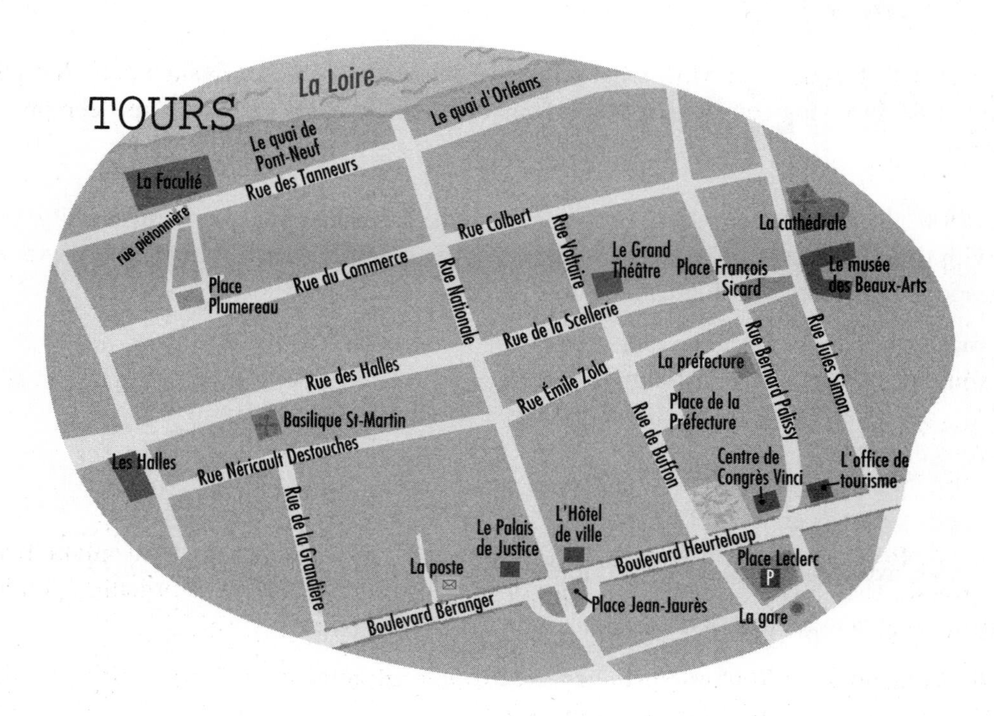

MODÈLE: Vous entendez: Suivez les quais jusqu'à la rue Nationale. Tournez à droite dans la rue Nationale puis à gauche dans la rue Colbert. C'est au coin de la rue Colbert et la rue Jules Simon.

Vous écrivez: ***C'est la cathédrale.***

1. ______________________________
2. ______________________________
3. ______________________________
4. ______________________________
5. ______________________________

Nom: ______________________ Date: ______________

FORMES ET FONCTIONS

*1. Les pronoms relatifs **où** et **qui***

10-21 Désaccords. Jacques and Aline want to travel abroad. Complete each statement that you hear by writing its number next to a logical phrase chosen from the list below. Number one has been provided for you as an example.

_____ **a.** où il y a trop de touristes.

__1__ **b.** où il fait toujours chaud.

_____ **c.** qui n'ont pas tout le confort d'un hôtel.

_____ **d.** qui est connue pour ses monuments.

_____ **e.** où il y a une piscine.

_____ **f.** qui sont sauvages et loin de tout.

10-22 Rappels. Rephrase Cécile's statements about what she learned during an information session on the town of Toulouse. Use the relative pronoun (**qui** or **où**) and incorporate the information you hear on the recording with the cues below. You may stop the recording while you write.

MODÈLE: Vous entendez: Toulouse est une ville très intéressante.
Vous lisez: Toulouse, c'est une ville…
Vous écrivez: Toulouse, c'est une ville *qui est très intéressante*.

1. Toulouse est l'endroit ______________________
2. Toulouse est une ville ______________________
3. Il y a beaucoup de maisons ______________________
4. Toulouse est une ville ______________________
5. Le Capitole est un bâtiment ______________________
6. Toulouse est une ville ______________________

2. *Le pronom relatif que*

10-23 Conversations. Jean-Michel is trying to figure out what people are talking about as he overhears parts of conversations. For each statement that you hear, circle **personne** if the relative pronoun **que** is referring to a person or **chose** if it refers to a thing.

MODÈLE: Vous entendez: La fille que j'ai rencontrée hier s'appelle Claire.
Vous encerclez: (personne) chose

1. personne chose
2. personne chose
3. personne chose
4. personne chose
5. personne chose
6. personne chose

10-24 Questions. You are entering a contest to try and win a trip to your favorite place. Respond to each of the questions that you hear, using complete sentences and the relative pronoun **que**. You may stop the recording while you write.

MODÈLE: Vous entendez: Quel est le pays que vous préférez?
Vous écrivez: ***Le pays que je préfère est le Canada.***

1. La ville étrangère ____________________
2. La ville ____________________
3. Les langues étrangères ____________________
4. La langue étrangère ____________________
5. La personne ____________________

Nom: ______________________ Date: ______________

Mise en pratique

10-25 Une publicité.

A. Avant d'écouter. Imagine that you are going to France. What kind of vacation would you like to take? Where would you stay: at camp grounds or in a hotel? What kind of activities would you plan? Would you like to visit historical sites or relax and sunbathe?

B. En écoutant. You are gathering information about possible trips to France. Listen to a radio advertisement encouraging people to visit the Dordogne region in southwest France and answer the questions below by circling the letter(s) corresponding to the correct response(s).

1. Quels sont les sites à visiter en Dordogne?

a. la maison du peintre Gauguin

b. les grottes ornées de peintures préhistoriques

c. les églises gothiques

2. Qu'est-ce qu'on peut faire en Dordogne?

a. se détendre à bord d'un bateau sur la Dordogne

b. goûter la bonne cuisine de la région

c. faire de la parapente

3. Où peut-on loger en Dordogne?

____

____

4. Comment peut-on recevoir plus d'informations?

____

____

C. Après avoir écouté. Would you be interested in visiting the Dordogne region? Why or why not? Write 3–4 sentences in French to explain your choice.

MODÈLE: ***J'aimerais aller en Dordogne parce que j'aime les sites historiques.***

____

____

____

____

____

Nom: ______________________ Date: ______________________

La santé et le bien-être

Leçon 1 La santé

POINTS DE DÉPART

11-1 Le corps humain. You are waiting in the doctor's office and overhear some people's comments and concerns. Write the number of each statement that you hear on the line pointing to the body part mentioned. Number one has been completed for you as an example.

11-2 Maux et remèdes. You overhear two children who are pretending to be a nurse and a patient. Circle **logique** if the suggested remedy is appropriate to the symptoms mentioned and **illogique** if it is inappropriate.

MODÈLE: Vous entendez: —J'ai une angine.
—Prenez des antibiotiques.
Vous encerclez: (logique) illogique

1.	logique	illogique	4.	logique	illogique
2.	logique	illogique	5.	logique	illogique
3.	logique	illogique	6.	logique	illogique

SONS ET LETTRES

Les consonnes /s/ et /z/

11-3 Lequel? Listen carefully as one of each of the paired words or phrases listed below is pronounced. Circle the word(s) or phrase that you hear.

MODÈLE: Vous entendez: viser
Vous encerclez: (viser)/ visser

1.	le cousin	le coussin	5.	ils sont	ils ont
2.	un désert	un dessert	6.	décider	des idées
3.	la case	la casse	7.	la base	la basse
4.	des poissons	des poisons	8.	nous avons	nous savons

11-4 Phrases. Repeat the following sentences during the pauses, paying careful attention to the /s/ and /z/ sounds.

1. Si Suzanne tousse beaucoup, donnez-lui une tisane.
2. Il est en mauvaise santé, il a besoin de consulter son médecin.
3. Ne prenez pas d'aspirine ou du sirop: faites simplement la sieste et reposez-vous!
4. C'est une crise: Alphonse s'est blessé au visage!

Nom: ______________________________ Date: ____________________

FORMES ET FONCTIONS

1. Les expressions de nécessité

11-5 À l'infirmerie. While waiting at the school infirmary, you overhear other students' conversations. For each statement that you hear, circle the letter corresponding to the most logical response.

MODÈLE: Vous entendez: Je ne me sens pas bien.
Vous lisez: **a.** Il est nécessaire d'appeler vos parents.
b. Il est utile de travailler plus sérieusement.
Vous encerclez: (**a.**)

1. **a.** Il faut aller voir votre dentiste.
b. Il est important de bien manger.

2. **a.** Il ne faut pas fumer (*smoke*).
b. Il est important de porter vos lunettes.

3. **a.** Il faut téléphoner à vos amis.
b. Il ne faut pas vous coucher si tard.

4. **a.** Il est nécessaire de boire de la tisane.
b. Il est important de porter un pull-over.

5. **a.** Il faut prendre de l'aspirine.
b. Il ne faut pas prendre votre température.

6. **a.** Il est nécessaire de prendre des gouttes pour le nez.
b. Il faut vous coucher plus tôt.

11-6 Les conseils de tante Marie. Carole's aunt is always giving her advice about how she should live her life. Listen to each of Carole's statements and write down what her aunt's response could be using one of the expressions of necessity: **il faut, il ne faut pas, il est important de, il est nécessaire de, il est utile de.** You may stop the recording while you write.

MODÈLE: Vous entendez: J'ai souvent du mal à respirer normalement.
Vous écrivez: *Il faut arrêter de fumer.*

1. ______________________________
2. ______________________________
3. ______________________________
4. ______________________________
5. ______________________________
6. ______________________________

2. *Le subjonctif des verbes réguliers*

11-7 Des opinions de toute sorte. Listen to each of Madame Saitout's opinions about what other people in her building should do. Check under **essentiel** to indicate that a suggestion is urgent and necessary, or under **recommandé** to indicate that a suggestion is simply a good idea. Number one has been completed for you as an example.

	Essentiel	Recommandé
1.	✗	
2.		
3.		
4.		
5.		
6.		
7.		
8.		

11-8 Tout à fait. The doctor is offering some suggestions to Mélissa. Help her remember them by writing them out and restating them, using the subjunctive. You may stop the recording while you write.

MODÈLE: Vous entendez: Vous devriez vous coucher de bonne heure.
Vous lisez: Il faut que
Vous écrivez: Il faut que *vous vous couchiez de bonne heure.*

1. Il faut que ______________________________
2. Il faut que ______________________________
3. Il ne faut plus que ______________________________
4. Il faut que ______________________________
5. Il faut que ______________________________
6. Il ne faut plus que ______________________________

Nom: ______________________ Date: ______________

Mise en pratique

11-9 Les grands malades.

A. Avant d'écouter. Do you have small children or know someone with small children? Circle the health problems that they tend to experience:

un mal de gorge	**un mal de tête**	**une grippe**	**un mal de dos**
une angine	**un rhume**	**de la fièvre**	

B. En écoutant. Christine is a summer camp nurse. Listen as three of the children in her care complain about being sick.

1. The first time you listen, complete the first column of the chart by filling in the symptoms each child is complaining about.
2. The second time you listen, complete the second column of the chart with Christine's diagnosis of each child's problem.
3. The third time you listen, complete the third column of the chart with Christine's medical advice for each of the children.

Some information has been provided for you as an example.

	Symptômes	Diagnostique	Conseil
Benoît		*Il a un coup de soleil*	
Odile			*Il faut prendre du sirop*
Renaud	*Il a mal à l'estomac et*		

C. Après avoir écouté. Do you have children or have you baby-sat or worked as a camp counselor? If so, have you ever had to deal with a sick child? Write 3–4 sentences in French describing what was wrong with the child and what you did. If you have not been in this situation, feel free to make up such a situation.

MODÈLE: *Une fois quand je gardais les enfants de ma sœur, ma petite nièce avait très mal à l'estomac. Elle voulait un médicament mais je ne voulais pas lui donner de médicaments sans demander à sa mère. J'ai préparé une tisane à la menthe pour elle et j'ai regardé la télévision avec elle. Après quelques minutes, elle se sentait mieux.*

____

____

____

____

____

Leçon 2 Pour rester en forme

POINTS DE DÉPART

11-10 Pour garder la forme. Imagine that you are a doctor listening to your patients complain about their problems. Write the number of each complaint you hear on the line next to the relevant piece of advice below. Number one has been completed for you as an example.

______ **a.** Arrêtez-vous de fumer.

______ **b.** Je vous conseille une série d'exercices contrôlés.

___*1*___ **c.** Ne grignotez pas entre les repas.

______ **d.** Couchez-vous de bonne heure.

______ **e.** Buvez moins de café.

______ **f.** Profitez des week-ends pour vous détendre.

Nom: ______________________ **Date:** ______________

11-11 En forme ou non? You are conducting a survey of people's health habits. For each statement that you hear, put a check mark under **en forme** to indicate that the person speaking has good health habits, or under **pas en forme** if the person does not. Number one has been completed for you as an example.

	En forme	Pas en forme
1.		✗
2.		
3.		
4.		
5.		
6.		

SONS ET LETTRES

La consonne gn

11-12 La consonne finale. Circle the consonant you hear at the end of each group of words.

MODÈLE: Vous entendez: la campagne
Vous encerclez: n g (gn)

1. n g gn
2. n g gn
3. n g gn
4. n g gn
5. n g gn
6. n g gn
7. n g gn
8. n g gn

11-13 Phrases. Repeat the following sentences during the pauses, imitating carefully the pronunciation of the consonant sound **gn**.

1. Il y a des monta**gn**es ma**gn**ifiques en Espa**gn**e.
2. Je vais cueillir des champi**gn**ons à la campa**gn**e.
3. A**gn**ès va m'accompa**gn**er à la boulangerie.
4. Je vais me rensei**gn**er sur le camping en Allema**gn**e.

FORMES ET FONCTIONS

1. Le subjonctif des verbes irréguliers

11-14 Lequel? You overhear parts of various conversations on the bus. For each statement, circle the correct form of the verb that you hear.

MODÈLE: Vous entendez: Il vaudrait mieux que vous achetiez un ticket.
Vous encerclez: achetez (achetiez)

1.	appelons	appelions	**4.**	vient	vienne
2.	ailles	as	**5.**	soyez	soyons
3.	puisses	puissent	**6.**	nettoyions	nettoyons

11-15 Les conseils. You are listening to a radio show about health issues. Listen to each piece of advice, noting it down for your friends, and rephrasing it according to the cue. You may stop the recording while you write.

MODÈLE: Vous entendez: Pour être en forme, il faut faire de la marche à pied.
Vous lisez: Il faut que tu
Vous écrivez: Il faut que tu ***fasses de la marche à pied.***

1. Il faut qu'elles ______________________________

2. Il faut que nous ______________________________

3. Il faut qu'ils ______________________________

4. Il faut que tu ______________________________

5. Il faut qu'elle ______________________________

6. Il faut que vous ______________________________

2. Le subjonctif avec les expressions de volonté et d'émotion

11-16 Consignes. Ten-year-old Joseph is going to stay home alone for the first time. Before leaving, his mother states her expectations. For each statement that you hear, complete her sentences by writing in the verb forms. You may stop the recording while you write.

MODÈLE: Vous entendez: Je préfère que tu ne regardes pas trop la télé.
Vous lisez: Je _______ que tu ne _______ pas trop la télé.
Vous écrivez: Je ***préfère*** que tu ne ***regardes*** pas trop la télé.

1. Je ______________ que tu ______________ sage (*well-behaved*).

2. Je ______________ que tu ______________ tes devoirs.

3. Je ______________ que tu ______________ la vaisselle.

4. J' ______________ que tu ______________ à neuf heures.

5. Je ______________ que tu ______________ au téléphone.

6. Je ne ______________ pas que tu ______________ chez les voisins.

Nom: ______________________________ Date: ____________________

11-17 Visite à l'hôpital. Jean-Pierre's friends are visiting him in the hospital. Listen to their reactions regarding his condition and circle the type of emotion each person expresses.

MODÈLE:	Vous entendez:	Je suis désolée que tu aies eu cet accident.			
	Vous encerclez:	bonheur	surprise	(regret)	déception
		(*happiness*	*surprise*	*regret*	*disappointment)*

1.	bonheur	surprise	regret	déception
2.	bonheur	surprise	regret	déception
3.	bonheur	surprise	regret	déception
4.	bonheur	surprise	regret	déception
5.	bonheur	surprise	regret	déception
6.	bonheur	surprise	regret	déception

Mise en pratique

11-18 Les mauvaises habitudes.

A. Avant d'écouter. How physically fit are you? Would you say you are in good shape? What are you doing in order to stay in good shape? Make a list, in French, of 3–4 things you do.

____

____

B. En écoutant. Olivier, a graduate student in the health field, is giving advice to his friends regarding their lifestyles. Listen to their conversations three times, then answer the following questions by circling the correct answers. More than one answer may be correct in each case.

1. Qu'est-ce que fait Latifa depuis trois mois pour maigrir?
- **a.** Elle fait un régime.
- **b.** Elle fait de l'aérobique et du jogging.
- **c.** Elle ne fume plus.

2. Qu'est-ce que lui conseille Olivier?
- **a.** Il faut qu'elle arrête de grignoter entre les repas.
- **b.** Il faut qu'elle fasse plus de sport.
- **c.** Il faut qu'elle mange des repas équilibrés.

3. D'après Olivier, quelles sont les mauvaises habitudes de Christine?
- **a.** Elle mange trop.
- **b.** Elle fume trop.
- **c.** Elle boit trop d'alcool.

4. Pourquoi est-ce qu'il faut que Christine change ses habitudes?
- **a.** Pour avoir de meilleures notes en classe.
- **b.** Pour ne plus être fatiguée.
- **c.** Pour maigrir.

C. Après avoir écouté. Think about how you could improve your own sense of well-being. Do you, like Christine and Latifa, have "bad habits" you should get rid of ? Write down 3–4 sentences explaining how you could change.

MODÈLE: *Je ne fais pas d'activités physiques. Il faut que je fasse plus de sport.*

____

____

____

____

____

Leçon 3 Sauvons la Terre et la forêt

POINTS DE DÉPART

11-19 Les nuisances de la vie moderne. Listen to a round-table discussion on ecology. Circle **nuisance** if the speaker is describing a problem of modern life and **solution** if he or she is proposing a solution.

MODÈLE: Vous entendez: Je ne laisse jamais les lumières allumées.
Vous encerclez: nuisance (solution)

1. nuisance solution
2. nuisance solution
3. nuisance solution
4. nuisance solution
5. nuisance solution
6. nuisance solution
7. nuisance solution
8. nuisance solution

11-20 Vers une terre plus propre et une vie plus agréable. Nicolas is conducting a survey of the wasteful habits of his fellow students. Write the number of each bad habit on the line next to the most appropriate suggestion from the list below. Number one has been completed for you as an example.

_______ **a.** Vous devriez prendre une douche, et pas trop chaude.

_______ **b.** Vous devriez ouvrir les fenêtres.

___*1*___ **c.** Vous devriez recycler le verre, le métal, le papier et le plastique.

_______ **d.** Vous devriez acheter des produits frais, sans emballage.

_______ **e.** Vous devriez planter des arbres.

_______ **f.** Vous devriez prendre le vélo ou y aller en métro.

Nom: ______________________________ Date: ____________________

FORMES ET FONCTIONS

Le subjonctif avec les expressions de doute

11-21 Certitude ou incertitude? You are attending a meeting on environmental issues. For each statement that you hear, circle **certitude** if the speaker is certain of what he/ she is saying or **incertitude** if the speaker is not.

MODÈLE: Vous entendez: Il est clair qu'il y a trop de pollution.
Vous encerclez: (certitude) incertitude

1. certitude incertitude
2. certitude incertitude
3. certitude incertitude
4. certitude incertitude
5. certitude incertitude
6. certitude incertitude

11-22 Le sceptique. Martin tends to be skeptical and pessimistic. Listen to each of his statements and complete them with the correct verb forms that you hear. You may stop the recording while you write.

MODÈLE: Vous entendez: Je ne pense pas qu'on puisse améliorer la qualité de l'eau.
Vous lisez: Je ne pense pas qu'______ améliorer la qualité de l'eau.
Vous écrivez: Je ne pense pas qu'*on puisse* améliorer la qualité de l'eau.

1. Je ne trouve pas qu'______________________ moins de problèmes dans les villes.
2. Il est évident que ______________________ très pollués.
3. Je doute que ______________________ utile.
4. Je ne pense pas que ______________________ changer leurs habitudes.
5. J'estime que ______________________ de moins en moins bien.
6. Je doute que ______________________ une solution à tous nos problèmes.

Mise en pratique

11-23 Médiation.

A. Avant d'écouter. Are you aware of any rules or ordinances governing noise in your city or residence hall? What are the restrictions, if any? Do you think such rules or ordinances are a good idea? Why or why not? Write a few sentences in English summarizing your answers to these questions.

____

____

____

____

B. En écoutant. A group of neighbors is meeting with a mediator to try to come to an agreement on the issue of noise in the neighborhood.

1. The first time you listen, complete the following sentence in French.

   M. Levallois ne veut pas de bruit dans l'immeuble après 9 h 00 du soir parce que… ____________

   ____

   ____

2. The second time you listen, complete the following sentence in French.

   Mlle Tréguier n'est pas d'accord parce que… ____________________________

   ____

   ____

3. The third time you listen, complete the following sentence in French.

   Le médiateur propose comme solution que… ____________________________

   ____

   ____

C. Après avoir écouté. Could you think of another possible way to resolve this issue? Write down 3–4 sentences in French to propose another solution for M. Levallois and Mlle Tréguier.

____

____

____

____

____

Nom: ______________________ Date: ______________

Quoi de neuf? cinéma et média

Leçon 1 Le grand et le petit écran

POINTS DE DÉPART

12-1 Si on regardait un film? Listen as the Lambert family talks about their favorite TV programs. For each statement that you hear, circle the letter of the type of program they are talking about .

MODÈLE: Vous entendez: Je veux voir si Jack et Jane vont divorcer.
Vous lisez: **a.** un documentaire
b. un feuilleton
Vous encerclez: (b.)

1. **a.** un dessin-animé
   b. un programme de variétés
2. **a.** un film
   b. un jeu télévisé
3. **a.** une série
   b. le journal télévisé
4. **a.** une émission sportive
   b. un magazine
5. **a.** une série
   b. un documentaire
6. **a.** un programme de variétés
   b. les informations

12-2 Quel genre de film? Martin cannot decide which movie to watch on cable TV tonight. Listen as his friend Stéphanie describes some of the choices she would make and circle the genre of the movie she is talking about in each case.

MODÈLE: Vous entendez: «Peur sur la ville» est un film à suspense. L'inspecteur Letellier est à la recherche d'une femme disparue dans Paris.
Vous encerclez: film historique (film policier) comédie

1.	film d'espionnage	film d'horreur	film musical
2.	film fantastique	western	dessin animé
3.	drame psychologique	film historique	film d'aventures
4.	film d'horreur	drame psychologique	film historique
5.	comédie	film d'espionnage	film fantastique
6.	western	comédie	film d'espionnage

SONS ET LETTRES

Le e instable et les groupes de consonnes

12-3 Attention aux *e* instables! In the following sentences, underline the unstable **e**'s that are pronounced and draw a line through those that are dropped. Number one has been completed for you as an example.

1. Il te dit de les faire venir.
2. Je ne connais pas l'ami de Madeleine.
3. Ils ne vous demandent pas de le faire.
4. Ce que vous dites ne l'intéresse pas.
5. Je te promets de ne pas le faire.

12-4 Contrastes. Repeat the following groups of sentences, paying careful attention to the treatment of the unstable **e**.

1. Je lave la voiture. / Je me lave. / Je ne me lave pas.
2. C'est une petite fille. / C'est la petite fille de Cécile.
3. —C'est ton neveu?

   —C'est le neveu de ma belle-sœur.
4. —Philippe va venir?

   —Il espère venir après le cours.

   —Le cours de physiologie?

   —Oui, c'est ça.

FORMES ET FONCTIONS

1. Les verbes croire et voir

12-5 Les témoins. There has been a car accident. Listen as the onlookers discuss what happened. For each statement you hear, write down the correct forms of the subject and the verb **croire** or **voir**.

MODÈLE: Vous entendez: Je crois qu'il n'a pas vu le Stop.
Vous écrivez: ***Je crois***

1. ______________________
2. ______________________
3. ______________________
4. ______________________
5. ______________________
6. ______________________

Nom: ______________________________ **Date:** ____________________

12-6 Des avis différents. Josiane and Daniel are discussing a movie they have just seen. Listen to each of their statements and restate their opinions, using the cues provided. Pay attention to the use of the indicative or the subjunctive after the verb **croire**. You may stop the recording while you write.

MODÈLES: Vous entendez: L'acteur principal ne joue pas bien.
Vous lisez: Daniel croit que
Vous écrivez: Daniel croit que *l'acteur principal ne joue pas bien.*

Vous entendez: Il n'y a pas assez d'action.
Vous lisez: Josiane ne croit pas qu'
Vous écrivez: Josiane ne croit pas qu'*il y ait assez d'action.*

1. Josiane croit que ______________________________
2. Daniel croit qu' ______________________________
3. Daniel ne croit pas ______________________________
4. Josiane croit que ______________________________
5. Daniel ne croit pas que ______________________________
6. Josiane croit que ______________________________

2. *Le conditionnel*

12-7 Rêve ou réalité? David wants to become an actor and discusses his career choice with his friends. For each statement that you hear, circle **rêve** if the speaker is talking about what he would do if he could and circle **réalité** if the speaker is talking about something he is actually doing.

MODÈLE: Vous entendez: Je voudrais devenir acteur.
Vous encerclez: (rêve) réalité

1. rêve réalité
2. rêve réalité
3. rêve réalité
4. rêve réalité
5. rêve réalité
6. rêve réalité

12-8 Rendez-vous manqué. Line and Renaud were supposed to meet their friends at the movie theater but do not see them. Complete each of their statements with the correct form of the subject and verb that you hear. You may stop the recording while you write.

MODÈLE: Vous entendez: Sophie a dit qu'elle serait là avant nous.
Vous lisez: Sophie a dit qu' _______ là avant nous.
Vous écrivez: Sophie a dit qu' *elle serait* là avant nous.

1. Je savais qu' ______________________ à l'heure.
2. Christophe et Sylvie m'ont dit qu' ______________________ avec Sophie.
3. Karine m'a prévenu qu' ______________________ du retard.
4. Patrick a bien dit qu' ______________________ dehors, non?
5. Renaud, tu as dit que ______________________ de pop-corn cette fois!
6. C'est vrai, et j'ai aussi pensé que ______________________ le début du film!!

Mise en pratique

12-9 C'est nul la télé!

A. Avant d'écouter. Do you watch TV? How much? What kinds of programs do you like to watch? Make a list, in French, of 2–3 types of programs that you prefer. Are there any programs that you never watch? Which ones? Write them down in French.

____

____

____

B. En écoutant. Two friends, Gilbert and Véronique, are sharing their thoughts about television.

1. a. The first time you listen to their conversation, decide who feels positively about television and who is opposed to it.

Pour: ____________________ Contre: ____________________

b. Véronique regarde la télé... beaucoup jamais rarement

2. The second time you listen, complete the first column, in French, with Gilbert's arguments.

3. The third time you listen, complete the second column, in French, with Véronique's reactions to each of Gilbert's arguments.

Number one has been completed for you as an example.

Gilbert	Véronique
1. *Avec la télé, on participe à la société.*	1. *Alors la société est dans un triste état.*
2.	
3.	
4.	

C. Après avoir écouté. With whom do you tend to agree more, Gilbert or Véronique? Write 3–4 sentences in French explaining your point of view.

Je crois que ____

____

____

____

Nom: ______________________________ **Date:** ____________________

POINTS DE DÉPART

12-10 À la bibliothèque. You are working in a library. As various patrons express their needs, direct them to the appropriate books, following the model. You may stop the recording while you write.

MODÈLE: Vous entendez: Je cherche un synonyme du mot «content».
Vous lisez: _______ sont là-bas.
Vous écrivez: _Les dictionnaires_ sont là-bas.

1. ______________________________ sont là-bas.
2. ______________________________ sont là-bas.
3. ______________________________ sont là-bas.
4. ______________________________ sont là-bas.
5. ______________________________ sont là-bas.
6. ______________________________ sont là-bas.

12-11 Au tabac. You are working at a newsstand at the train station. Listen to the requests of various travelers and circle the appropriate magazines for them.

MODÈLE: Vous entendez: Je voudrais un magazine télé.
Vous encerclez: (*Télé 7 jours*) *Maisons & Travaux*

1. *Gazoline* *Santé Magazine*
2. *Espace* *Fleurs, plantes et jardin*
3. *Jeune et jolie* *Le chien magazine*
4. *Auto passion* *Absolu Féminin*
5. *L'Express* *Les cahiers du cinéma*
6. *Folles de foot* *Elle*

SONS ET LETTRES

Le e instable et les groupes consonne + /j/

12-12 Lequel? Listen to each group of words and circle the letter corresponding to the word in which the unstable e is pronounced.

MODÈLE: Vous entendez: **a.** nous zapperons **b.** nous zapperions
Vous encerclez: **a** (**b**)

1. a b
2. a b
3. a b
4. a b
5. a b
6. a b

12-13 Répétez. Repeat the following sentences, paying attention to the unstable e.

1. Nous casserons la télécommande si tu ne nous laisses pas regarder la télé!
2. Vous casseriez la télécommande? Je ne vous crois pas.
3. Vous me donnerez les jetons pour jouer aux jeux vidéos?
4. Nous te les donnerions si nous les avions!
5. Lise aimait étudier. Nous l'appelions la parfaite étudiante.

FORMES ET FONCTIONS

1. L'ordre des événements

12-14 Méli-mélo. Listen as Valérie reminds her husband about what he needs to do today. Circle the statement that most logically completes each of her sentences.

MODÈLE: Vous entendez: Il faut que tu appelles tes parents avant de…
Vous lisez: **a.** partir au bureau.
b. être parti au bureau.
Vous encerclez: (**a.**)

1. **a.** avoir été déjeuné.
b. aller déjeuner.

2. **a.** manger.
b. avoir mangé.

3. **a.** signer le contrat.
b. avoir signé le contrat.

4. **a.** être rentré.
b. rentrer.

5. **a.** avoir vu ta tante.
b. voir ta tante.

6. **a.** aller au cinéma.
b. être allé au cinéma.

Nom: ______________________________ **Date:** ____________________

12-15 Quelle journée! Listen as a teenager tells his mother about his day and complete his sentences with the words you hear. You may stop the recording while you write.

MODÈLE: Vous entendez: Je me suis dépêché après m'être réveillé en retard.
Vous lisez: Je me suis dépêché _______ en retard.
Vous écrivez: Je me suis dépêché *après m'être réveillé* en retard.

1. J'ai eu un examen de maths ______________________ un quiz d'espagnol.
2. J'ai mangé à la cafétéria ______________________ à la bibliothèque.
3. J'ai parlé au professeur de français ______________________ l'école.
4. Je suis rentré à la maison ______________________ mon ami Karim.
5. Nous avons regardé la télé ensemble ______________________ à la piscine.
6. J'ai fait mes devoirs ______________________ mes e-mails.

2. *Les combinaisons de pronoms compléments d'objet*

12-16 Répliques. Annette's brother is constantly asking her questions. Write the number of each question you hear on the line next to the appropriate reply from the list below. Pay careful attention to the pronouns. Number one has been completed for you as an example.

_______ **a.** Oui, il nous l'a donnée.

_______ **b.** Oui, tu le lui as donné.

_______ **c.** Oui, elle me les a données.

_______ **d.** Oui, je vais la leur donner.

_______ **e.** Oui, elles me l'ont donné.

___*1*___ **f.** Oui, je te le donne.

12-17 Vérifications. Your boss wants to make sure you have done your work perfectly. Complete each of her answers with the appropriate pronouns: **le**, **la**, **lui**, **leur**, **en**, or **y**. You may stop the recording while you write.

MODÈLE: Vous entendez: Vous avez laissé votre adresse e-mail à la secrétaire.
Vous lisez: Oui, je _______ ai laissée.
Vous écrivez: Oui, je *la lui* ai laissée.

1. Oui, je ______________________ ai donné.
2. Oui, je ______________________ ai envoyée.
3. Oui, je ______________________ ai envoyé.
4. Oui, je ______________________ ai données.
5. Oui, je ______________________ ai envoyées.
6. Oui, il ______________________ a assez.

Mise en pratique

12-18 Les livres disparaissent.

A. Avant d'écouter. Do you read a lot? Make a list, in French, of what you read and how often; for example: **souvent**, **beaucoup**, **tous les jours**, **rarement**...

____

____

____

B. En écoutant. The Association **Lire avant tout** is worried that books may disappear because of the Internet. Listen as one of their representatives, Alain, questions three people about their reading habits for a survey.

1. The first time you listen, indicate how often each of the speakers reads.

DAME 1:	très souvent	souvent	quelquefois	jamais
HOMME:	très souvent	souvent	quelquefois	jamais
DAME 2:	très souvent	souvent	quelquefois	jamais

2. The second time you listen, write down in the left-hand column under **Lectures** what each of the speakers reads.
3. The third time you listen, write down in the right-hand column under **Raisons** the reasons each person gives for reading

Some information has been provided for you as an example.

	Lectures	Raisons
Dame 1	*les romans sentimentaux*	
Homme		
		XXXXXX
Dame 2		XXXXXX

4. The last woman says that she belongs to a book club, but that she often gives away the books she has bought. Why?

____

Nom: ______________________ **Date:** ______________

C. Après avoir écouté. Now, write down 3–4 sentences in French about your own reading habits. Do they resemble those of any of the people interviewed?

Je lis ______________________

____

____

____

____

Leçon 3 Êtes-vous branché?

POINTS DE DÉPART

12-19 Les autoroutes de l'information. Didier seems to know nothing about computers. Answer each of his naïve questions about computers using the diagram as a guide. You may stop the recording while you write.

MODÈLE: Vous entendez: Qu'est-ce que c'est exactement, cette machine?
Vous écrivez: ***C'est un ordinateur!***

1. ______________________
2. ______________________
3. ______________________
4. ______________________
5. ______________________
6. ______________________

12-20 À propos de l'Internet. You are applying for a computer job in Canada and need to take a test on the French terms used for the Internet. For each statement that you hear, circle the appropriate term. You may want to review **Le nouveau vocabulaire de l'Internet** on page 479 in your text before completing this exercise.

MODÈLE: Vous entendez: C'est un groupe de discussion.
Vous lisez: **a.** C'est un fordit.
b. C'est un logiciel.
Vous encerclez: (**a.**)

1. **a.** C'est un mél.
   b. C'est un navigateur.
2. **a.** On est enli.
   b. On est horli.
3. **a.** C'est un bogue.
   b. C'est une araignée.
4. **a.** C'est un logiciel.
   b. C'est une bal.
5. **a.** C'est un e-mail.
   b. C'est un navigateur.
6. **a.** Ordir.
   b. Planter.

FORMES ET FONCTIONS

L'emploi des temps avec certaines conjonctions

12-21 Discussions sur le Net. People in a chat room are discussing travel plans. Complete each phrase you hear by writing its number next to the appropriate conclusion. Pay careful attention to the verb tenses. Number one has been completed for you as an example.

1–3

_______ **a.** je voyagerai.
___1___ **b.** je voyagerais.
_______ **c.** je voyageais.

4–6

_______ **d.** est-ce que vous alliez souvent au musée?
_______ **e.** est-ce que vous irez souvent au musée?
_______ **f.** est-ce que vous iriez souvent au musée?

12-22 Informations personnelles. Tell your new friends in the chat room more about yourself. Complete each statement that you hear according to your own experience, using the verb shown in parentheses. Pay attention to the verb tenses. You may stop the recording while you write.

MODÈLE: Vous entendez: Lorsque j'avais cinq ans,
Vous lisez: (habiter)
Vous écrivez: *j'habitais au Texas.*

1. (habiter) ____________________
2. (habiter) ____________________
3. (aller) ____________________
4. (aller) ____________________
5. (aller) ____________________

Nom: ______________________ Date: ______________________

Mise en pratique

12-23 La fête de l'Internet.

A. Avant d'écouter. Before you listen to Dayo talk about the Internet from a Francophone perspective, think about how you would answer the following questions: how widely is the Internet used on your campus? Do you think it should be used more in the classroom? Why or why not? Do you think the Internet is widely used in Francophone Africa? Why or why not? What, in your opinion, would help promote the use of the Internet in these countries?

B. En écoutant. Dayo is a student from Burkina Faso. Listen as he describes the initiatives taken by many Francophone countries to promote the use of the Internet.

1. According to Dayo, what are some of the countries involved in the event **La fête de l'Internet**? Place a check mark by the name of the countries you hear from the list below.

_____ Algérie _____ Burkina Faso _____ Cameroun

_____ Canada _____ République du Congo _____ France

_____ Maroc _____ Sénégal _____ Zaïre

2. The second time you listen, answer the question below by circling the correct answer.
   1. Quel est le but de la fête de l'Internet?
      - **a.** Faire acheter des ordinateurs par des pays sous-développés.
      - **b.** Faire connaître l'Internet et le multimédia au public.
      - **c.** S'amuser avec les ordinateurs.

3. The third time you listen, place a check mark by at least two activities organized by the different countries.

_____ des chat rooms _____ des jeux

_____ des démonstrations dans les écoles _____ des créations de logiciels

_____ des installations de cybercafés _____ des téléconférences

_____ des ateliers sur l'emploi de l'Internet _____ des ventes de multimédia

4. What is the motto of the **Festival de l'Internet francophone**?
   - **a.** «Partageons notre différence.»
   - **b.** «L'Internet pour tous.»
   - **c.** «Connectons-nous.»

5. What do you think this motto means?

____

____

C. Après avoir écouté. Do you use the Internet often? For what purpose(s)? Have you used the Internet to find out about other countries and peoples? Write 3–4 sentences in French about your Internet habits.

MODÈLE: *J'adore l'Internet. Je suis souvent en ligne. J'échange des courriels avec des amis et ma famille tous les jours. Je cherche souvent le Web pour beaucoup de choses: par exemple pour réserver des billets d'avion ou pour chercher une adresse ou un numéro de téléphone...*

Lab Manual Answer Key

Chapitre 1: *Présentons-nous!*

Leçon 1: Je me présente

1-1

a. 3
b. 1
c. 5
d. 2
e. 4

1-2

1. a
2. b
3. a
4. b
5. a

1-3

1. 1+
2. 1+
3. 1
4. 1
5. ?
6. 1

1-4

1. nous sommes
2. Il est
3. Ils sont
4. je suis
5. Elle est
6. je suis

1-5

B. Row 2: de Paris / *de Paris* / de Marseille
Row 3: *très bien* / en forme / très bien

C. Stéphanie and Antoine know each other because they address each other as **tu**. Gaëlle is a new acquaintance who uses **vous** with the others.

Leçon 2: Dans la salle de classe

1-6

a. 4
b. 6
c. 2
d. 1
e. 8
f. 3
g. 5
h. 7

1-7

1. professeur
2. étudiant/e
3. professeur
4. étudiant/e
5. étudiant/e
6. professeur

1-8

1. 3
2. 5
3. 6
4. 6
5. 7
6. 6

1-10

1. en général
2. spécifique
3. en général
4. spécifique
5. spécifique
6. en général

1-11

1. Il n'y a pas d'ordinateur.
2. Il y a des livres.
3. Il y a des craies.
4. Il n'y a pas de magnétophone.
5. Il y a des affiches.

1-12

1. masculin
2. féminin
3. féminin
4. masculin
5. féminin
6. masculin

1-13

1. c'est le crayon
2. c'est la règle
3. c'est la cassette
4. c'est le cahier
5. c'est la gomme

1-14

A. un sac, un cahier, un stylo.
B. 1. Row 2: Camille / Mathieu
   Row 4: Mathieu
   Row 5: Camille / Mathieu
   Row 6: Camille / Mathieu
   Row 7: Camille
   Row 9: Mathieu
   2. Row 3: Mathieu
   Row 8: Camille
   Row 9: Camille
C. *Answers will vary.*

Leçon 3: C'est le combien?

1-15

1. Le 15 août
2. Le 20 février
3. Le 30 octobre
4. Le 15 avril
5. Le 6 janvier
6. Le 24 juin

1-16

1. 5 + 13
2. 31 – 4
3. 16 – 2
4. 20 + 5
5. 8 + 13
6. 17 – 9

1-17

1. Langlois
2. Rousset
3. Lécuyer
4. Castelain
5. Ampère
6. Quentin

1-18

1. demain
2. lève
3. ne
4. réponse
5. fatigué
6. père
7. répète
8. écouté

1-19

1. 1
2. 1+
3. 1+
4. 1+
5. 1+
6. 1+
7. 1
8. 1

1-20

1. les cahiers
2. les affiches
3. les stylos
4. les crayons
5. les cassettes
6. les gommes

1-21

1. même origine
2. origine différente
3. origine différente
4. origine différente
5. même origine
6. origine différente

1-22

1. Oui, c'est elle.
2. Oui, c'est moi.
3. Oui, ce sont eux.
4. Oui, c'est nous.
5. Oui, ce sont elles.
6. Oui, c'est lui.

1-23

A. *Answers may vary:* name, hometown, age, residence

B. Row 2: *en pleine forme* / bien / malade / fatiguée / pas mal
Row 3: Nice / Tours / *Tours* / Bordeaux / Paris
Row 4: *25 juillet* / 4 avril / 17 décembre / 18 mai / 29 février

C. *Answers will vary.*

Chapitre 2: *Ma famille et moi*

Leçon 1: Voici ma famille

2-1

1. oncle
2. cousine
3. neveu
4. grand-mère
5. nièce
6. cousin

2-2

Agnès + André Jeanne + Vincent

Didier Monique + Pascal Geneviève

Marie-Pierre + Jean-Claude Georges Paul

Gilberte Marlène

2-3

1. a
2. a
3. a
4. b
5. a
6. b

2-5

1. lit
2. chats
3. gomme
4. photos
5. calculatrice
6. crayons

2-6

1. Oui, c'est ma cousine.
2. Oui, ce sont ses enfants.
3. Oui, c'est mon neveu.
4. Oui, c'est sa fille.
5. Oui, ce sont mes sœurs.
6. Oui, c'est son petit-fils.
7. Oui, ce sont mes grand-parents.
8. Oui, c'est sa tante.

2-7

Row 2: *timide* / pessimiste / sympathique / réaliste / stressé / conformiste
Row 3: *dynamique* / optimiste / discipliné / sociable / têtu / pessimiste

2-8

1. a.
2. b.
3. a.
4. a.
5. b.
6. b.
7. b.

2-9

B. Sylvie: 2, timide
her brother-in-law: 4, réservé
her brother-in-law's parents: 3, sympathiques
her parents: 6, *très nerveux*
her brother: 1, sociable
her cousin: 7, *adorable*

C. *Answers will vary.*

Leçon 2: État civil

2-10

1. Lola
2. Isabelle
3. Patrick
4. Pauline
5. Julien

2-11

1. 53
2. 13
3. 49
4. 38
5. 15
6. 82
7. 65
8. 23

2-12

1. cinq_enfants
2. dix/chaises
3. six_oncles
4. six/photos
5. trois_affiches
6. cinq/cousins
7. un/bureau
8. deux/lits
9. un_an

2-14

1. ai
2. avons
3. avez
4. a
5. ont
6. ont

2-15

1. J'ai
2. Ils ont
3. Tu as
4. Elle a
5. Vous avez
6. Nous avons
7. Elles ont
8. Tu as

2-16

1. stylos
2. ordinateur
3. calculatrice
4. affiches
5. livres
6. gommes

2-17

1. Notre père
2. Nos frères
3. Leurs parents
4. Notre mère
5. Leur chien
6. Nos chats

2-18

A. Êtes-vous marié? Avez-vous des enfants? Quel âge avez-vous?
B. Nom: *Leroy*; Prénom: *Patricia*
   Adresse: 176, rue de Paris
   Âge: 38 ans; Situation familiale: mariée
   Prénom du mari: Jean-Pierre; Âge: 42 ans
   Les enfants:
   1. Julie, 15 ans, 8 janvier.
   2. Paul, 13 ans, 11 mai.
   3. Suzanne, 8 ans, 24 août.
   4. Claire, 6 ans, 19 septembre.
C. *Answers will vary.*

Leçon 3: Nos activités

2-19

1. Activités sportives: *le tennis*
2. Musique: la chorale
3. Activités sportives: le golf
4. Autres activités: le film à la télé
5. Activités sportives: le football
6. Musique: la musique classique
7. Musique: le piano
8. Autres activités: le jardin

2-20

1. jeudi
2. mercredi
3. samedi
4. dimanche
5. lundi
6. mardi

get together: vendredi

2-21

1. 1+
2. 1+
3. ?
4. 1
5. 1
6. ?
7. 1+
8. 1

2-22

1. Frank joue
2. tu dînes
3. je ne travaille pas
4. mes parents invitent Frank et moi
5. nous n'avons pas
6. elle a
7. Vous jouez
8. nous aimons

2-23

1. b.
2. a.
3. a.
4. a.
5. b.
6. b.

2-24

1. Oui, j'aime jouer au tennis. / Non, je n'aime pas jouer au tennis.
2. Si, j'aime le français. / Non, je n'aime pas le français.
3. Oui, j'ai un chat. / Non, je n'ai pas de chat.
4. Si, je suis marié/e. / Non, je ne suis pas marié/e.
5. Oui, j'aime la musique classique. / Non, je n'aime pas la musique classique.

2-25

A. *Answers will vary.*
B. Row 2: *40 ans* / 40 ans / 30 ans
   Row 3: maison / appartement / *maison*
   Row 4: un enfant / *pas d'enfants* / deux enfants
   Row 5: un chien / trois chats et un chien / pas d'animaux
   Row 6: calme et réservée / sociables / énergiques, individualistes
   Row 7: aime travailler dans son jardin / le sport: le tennis et le golf / la musique classique, le cinéma
C. *Answers will vary.*

Chapitre 3: *Voici mes amis*

Leçon 1: Mes amis et moi

3-1

1. traits de caractère
2. traits de caractère
3. traits physiques
4. traits physiques
5. traits de caractère
6. traits de caractère
7. traits physiques
8. traits de caractère

3-2

1. gentille, généreuse / portrait positif
2. grosse, moche / portrait négatif
3. paresseux, bête / portrait négatif
4. drôle, amusante / portrait positif
5. mince, jolie / portrait positif

3-3

1. Clément
2. Françoise
3. Jean
4. Laurence
5. Yvon
6. Gilberte
7. Louis
8. Simone

3-5

1. sportive
2. ambitieux
3. blonde
4. sérieuse
5. pantouflard
6. généreux

3-6

1. paresseux
2. sérieuses
3. ambitieux
4. amusantes
5. paresseuse
6. méchant
7. bête
8. sportif
9. énergique
10. drôle
11. intelligent
12. gentils

3-7

1. illogique
2. logique
3. logique
4. logique
5. illogique
6. illogique
7. logique
8. logique

3-8

a. 3
b. 5
c. 7
d. 2
e. 8
f. 1
g. 4
h. 6

3-9

A. *Possible answers include*: sympathique, gentille, intelligente, amusante, drôle, sérieuse, calme, disciplinée, dynamique, optimiste, raisonnable, sociable.

B. Carole Gaspard: 23 ans, grande et brune. Elle est intelligente, sérieuse, énergique et gentille. Elle n'est pas amusante ni égoïste. Elle aime le sport et la musique classique.
Martine Leger: 19 ans, petite et brune. Elle est intelligente, drôle, paresseuse, généreuse et sympa. Elle n'est pas méchante. Elle aime jouer avec ses frères et sœurs et regarder la télé.

C. *Answers will vary.*

Leçon 2: Nos loisirs

3-10

a. Laurent et Frédéric
b. Antoine et Hubert
c. Thomas et Monique
d. Christelle
e. Anne-Carole et Nicole
f. Sandrine
g. Didier

3-11

Row 2: *au football* / de la guitare / aux cartes / au rugby / au racket-ball / aux jeux de société
Row 3: *du piano* / de la batterie / aux échecs / au football américain / au volley-ball / à la loterie

3-12

1. /ɛ/
2. /e/
3. /e/
4. /ɛ/
5. /e/
6. /ɛ/
7. /e/
8. /ɛ/

3-14

1. Likes a lot
2. Prefers
3. Doesn't like at all
4. Prefers
5. Doesn't like
6. Doesn't like at all
7. Prefers

3-15

1. vous préférez
2. Paul suggère
3. il répète
4. Tu suggères
5. Je répète

3-16

1. à
2. de
3. de
4. à
5. à
6. à
7. de
8. à

3-17

1. Non, c'est l'affiche de la copine de Pierre.
2. Non, c'est l'harmonica d'Annette.
3. Non, ce sont les cartes des frères Durand.
4. Non, c'est le téléphone de la monitrice de ski.
5. Non, ce sont les stylos de l'oncle Jean.
6. Non, c'est le jeu électronique du moniteur de ski.

3-18

A. *Answers will vary.*
B. Row 2: *inviter des amis à la maison* / aller au restaurant avec des amis / bricoler à la maison
Row 3: jouer aux jeux de société / danser / aller au cinéma
Row 4: le sport / *les jeux de société* / danser
Row 5: regarder les matchs à la télé / dîner à la maison / aller au concert
C. *Answers will vary.*

Leçon 3: Nous allons à la fac

3-19

1. la résidence
2. au musée
3. au cinéma
4. à la librairie
5. au café
6. à la bibliothèque
7. au labo
8. au stade

3-20

1. au centre informatique
2. à l'amphithéâtre
3. à la piscine
4. à la résidence
5. au restaurant universitaire
6. au bureau du professeur

3-21

1. en général
2. bientôt
3. bientôt
4. en général
5. bientôt
6. bientôt
7. en général
8. en général

3-22

1. Je vais
2. Tu vas
3. mes parents vont
4. il va
5. nous allons
6. Vous n'allez

3-23

1. .
2. ?
3. !
4. ?
5. !
6. !

3-24

1. Ne va pas
2. travaillez
3. écoutez
4. Ouvrons
5. Ne téléphone pas
6. Allons

3-25

B. Row 2: discuter avec le prof de français / aller au musée
   Row 3: aller à la bibliothèque pour travailler / répéter avec la chorale
   Row 4: travailler au café / *aller au théâtre*
   Row 5: nager / travailler au snack-bar
   Row 6: *l'examen de français* / travailler à l'infirmerie
   Row 7: aller au cinéma / aller au cinéma

C. *Answers will vary.*

Chapitre 4: *Études et professions*

Leçon 1: Une formation professionnelle

4-1

Row 2: philosophie / *sociologie* / botanique / informatique / comptabilité / sculpture
Row 3: français / sciences politiques

4-2

1. biologie, maths
2. informatique, allemand
3. chimie, labo de chimie
4. allemand, informatique
5. maths, labo de biologie

4-3

1. /o/
2. /ɔ/
3. /ɔ/
4. /o/
5. /o/
6. /o/
7. /ɔ/
8. /o/
9. /o/
10. /ɔ/

4-5

1. b
2. a
3. b
4. a
5. b

4-6

1. belle
2. bonne
3. mauvaises
4. premier
5. nouveaux
6. bel
7. vieux
8. jolie
9. gros

4-7

1. b
2. a
3. b
4. a
5. b

4-8

1. Depuis un semestre.
2. Il y a un an.
3. Depuis 1997.
4. Il y a trois mois.
5. Depuis 1998.

4-9

B. Row 2: *les sciences économiques* / 1. *l'économie* 2. la comptabilité 3. la gestion / 1. *6 ans* 2. 5 ans 3. 4 ans
Row 3: les sciences physiques / 1. la chimie 2. l'astronomie / 1. 5 ans / 2. 3 ans
Row 4: les lettres / 1. l'anglais 2. l'espagnol 3. la philosophie / 1. 8 ans 2. 6 ans 3. 2 ans

C. *Answers will vary.*

Leçon 2: Choix de carrière

4-10

a. 4
b. 7
c. 3
d. 1
e. 5
f. 2
g. 6

4-11 *Answers may vary. Sample answers:*

1. Il va devenir ingénieur ou informaticien.
2. Il va devenir artiste.
3. Elle va devenir avocate.
4. Il va devenir acteur.
5. Il va devenir médecin.
6. Elle va devenir professeur.

4-12

1. un salaire

2. nos_amis
3. nous_avons
4. un vendeur
5. un_écrivain
6. un diplôme
7. en_espagnol
8. chez_eux
9. c'est_ici
10. aux_échecs
11. un dentiste
12. elles_ont
13. vous_avez
14. un petit_acteur
15. cet_enfant

4-14

1. C'est une bonne infirmière.
2. Elle est assistante sociale.
3. Elle est musicienne.
4. C'est un avocat intelligent.
5. C'est un écrivain doué.

4-15

1. C'est une très bonne actrice.
2. C'est un architecte médiocre.
3. Ce sont des dentistes très gentils.
4. C'est un mécanicien ennuyeux.
5. Ce sont des agents de police sérieux.
6. C'est une mauvaise chanteuse.

4-16

1. wants to
2. can
3. has to
4. wants to
5. has to
6. can
7. wants to
8. can

4-17

1. pouvons
2. doivent
3. peux
4. dois
5. veut
6. veulent

4-18

B. 1. b
   2. c
   3. a

C. 1. *Multiple answers possible*: technicienne, pharmacienne
   2. *Answers will vary.*

Leçon 3: Au travail

4-19

1. l'annonce
2. caissière
3. un travail à mi-temps
4. un travail à temps plein
5. le salaire

4-20

1. 567 euros.
2. 1830 euros.
3. 976 euros.
4. 2486 euros.
5. 211 euros.
6. 397 euros.

4-21

1. 1
2. 1+
3. 1
4. 1
5. 1+
6. 1

4-22

1. Nous vendons
2. Il rend visite
3. Jeanne ne perd
4. j'entends
5. ils descendent
6. j'attends

4-23

1. conditionnel
2. présent
3. conditionnel
4. conditionnel
5. conditionnel
6. présent
7. conditionnel
8. présent

4-24

1. tu pourrais
2. tu pourrais
3. tu devrais
4. vous voudriez
5. vous pourriez
6. tu voudrais

4-25

A. *Multiple answers possible*: salary, qualifications, type of job, contact information, hours.

B. 1. *vendeur/vendeuse* / 1. *ambitieux* 2. dynamique 3. sportif / *Tél: 493-9638*
   2. mécanicien / 1. expérience / Tél: 322-6456 Georges
   3. informaticien / 1. sérieux 2. énergique / Tél: 01-44-30-72-10-09
   4. infirmiers/infirmières / 1. responsables 2. aiment les enfants / Adresse: Boîte Postale 456212 Montréal

C. *Answers will vary.*

Chapitre 5: *Métro, boulot, dodo*

Leçon 1: La routine de la journée

5-1

1. se réveiller
2. se doucher
3. s'essuyer
4. s'habiller
5. se raser
6. se brosser les dents
7. se peigner
8. aller au travail
9. se déshabiller
10. se doucher
11. regarder la télé
12. dîner
13. se brosser les dents
14. se coucher
15. s'endormir

5-2

M. et Mme Phillipou: *cinquième / 508*
Docteur Mévegand: deuxième / 206
Mlle Thomas: septième / 712
M. Camus: quatrième / 401
Mme Truong: sixième / 609
Professeur Garcia: dixième / 1003
M. et Mme Sarr: troisième / 307

5-3

1. bu
2. loup
3. dessous
4. remous
5. vu
6. rue
7. su
8. pou

5-5

1. logique
2. illogique
3. logique

4. logique
5. illogique
6. logique

5-6

1. Je me réveille
2. on se couche
3. on s'endort
4. vous vous douchez
5. je me douche
6. elle se lave

5-7

1. Fréquence
2. Fréquence
3. Intensité
4. Fréquence
5. Fréquence
6. Intensité

5-8

1. souvent
2. quelquefois
3. peu de
4. beaucoup de
5. assez d'
6. n'... pas de
7. beaucoup
8. trop de

5-9

B. M. Barrot: *troisième / Il ne se rase jamais.*
Mme Clémence: cinquième / Elle se maquille trop.
Les enfants Millet: deuxième / Ils regardent trop souvent la télé et n'étudient pas assez.
Les Martin: onzième / Ils se lèvent très tôt le matin.
M. Roussin: quinzième / Il ne se lave pas tous les jours.
Mme Lampais: sixième / Elle s'habille trop bien.

C. *Answers will vary.*

Leçon 2: À quelle heure?

5-10

12 h 30 / 8 h 15 / 9 h 25 / 16 h 00 / 19 h 30 / 10 h 00 / 11 h 47

5-11

1. non-officielle
2. officielle
3. officielle
4. officielle
5. non-officielle
6. non-officielle

5-12

1. 1+
2. 1
3. 1+
4. 1+
5. 1
6. 1
7. 1+
8. 1

5-13

1. servir
2. partir
3. dormir
4. servir
5. partir
6. sortir

5-14

1. b
2. a
3. a
4. a
5. b

5-15

1. elle se couche moins tard que moi / elle se couche plus tôt que moi.
2. nous sortons moins souvent qu'eux / nous sortons plus rarement qu'eux.
3. elle s'endort plus facilement que moi.

4. je joue mieux aux échecs que mon frère.
5. il a moins de travail que nous.

5-16

A. *Answers will vary*: time, date, phone number, name, message.

B. 1. *Fill in*: le train arrive à 18 h 34 gare du Nord, appeler le bureau au 03-20-31-37-81.
   2. Mme Davy: dîner dimanche soir vers 13 h 00 pour l'anniversaire de Marie-Christine, numéro de téléphone: 05-36-65-37-37.
   3. Daniel: film jeudi soir à 19 h 00 et aller au MacDo après.
   4. Chantal: elle ne peut pas venir ce week-end chez tes parents parce qu'elle doit travailler.

C. 1. Messages 1, 2 and 4 are from close friends because they use the informal person **tu.**
   2. *Answers will vary.*

Leçon 3: Qu'est-ce qu'on porte?

5-17

1. d
2. b
3. h
4. f
5. e
6. a
7. g
8. c

5-18

1. illogique
2. illogique
3. logique
4. logique
5. logique
6. illogique
7. illogique
8. logique

5-19

1. /ø/
2. /œ/
3. /ø/
4. /ø/
5. /œ/
6. /ø/

5-21

1. épeler
2. se lever
3. appeler
4. amener
5. jeter
6. acheter

5-22

1. Il épelle / Nous épelons
2. Vous jetez / Je jette
3. J'amène / vous amenez
4. Tu appelles / Nous appelons

5-23

1. sa sœur
2. les deux
3. son frère
4. les deux
5. sa sœur
6. son frère
7. les deux
8. les deux

5-24

1. moins cher que
2. plus démodée que
3. plus petites que
4. aussi large que
5. moins élégante que
6. aussi à la mode que

5-25

A. Answers will vary: name, address, phone number, credit card number, object of clothing, color, size, how many, …

B. Nom: Delphine Dubois
Adresse: 30 *rue Laclos* à Paris
Téléphone: 01-48-97-95-35
un tee-shirt Adidas: bleu et blanc / 38/40 / 6,40 euros
la chemise longue: verte / 38/40 / 15,85 euros
le pantalon: gris / 40/42 / 20,70 euros
la jupe: bleue / 40/42 / 18,25 euros

C. *Answers will vary.*

Chapitre 6: *Les activités par tous les temps*

Leçon 1: Il fait quel temps?

6-1

a. 6
b. 1
c. 3
d. 5
e. 2
f. 4

6-2

1. Lille: *Il y a du brouillard et du verglas.*
2. Paris: Il fait froid et il gèle.
3. Caen: Il y a beaucoup de vent.
4. Strasbourg: Le ciel est couvert et il neige.
5. Toulouse: Il y a des nuages mais il ne pleut pas.
6. La Guadeloupe: Il fait chaud et sec.

6-3

1. bon
2. bonne
3. château
4. plage
5. sans
6. entendre
7. nos
8. vent

6-5

1. 1+
2. 1
3. 1+
4. 1
5. 1
6. 1+

6-6

1. Nous mettons
2. tu promets
3. je mets

4. elle met
5. les parents promettent

6-7

1. aujourd'hui
2. hier
3. hier
4. hier
5. aujourd'hui
6. aujourd'hui

6-8

1. J'ai rendu
2. Nous avons quitté
3. Nous avons mis
4. j'ai dormi
5. il a plu
6. Johnny n'a pas pu
7. On n'a pas voulu
8. Stéphanie a décidé

6-9

B.

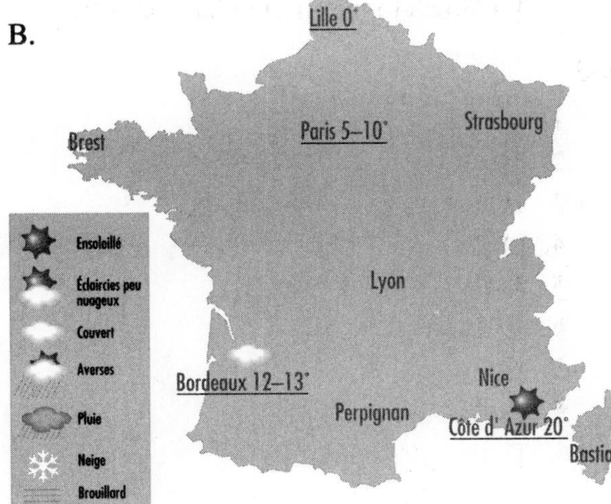

C. *Answers will vary.*

Leçon 2: Vive les vacances!

6-10 *Answers for items 3 and 4 may vary as indicated below.*

1. *faire de la natation, faire du surf:* À la plage
2. faire de la planche à voile: À la plage
3. (faire du cheval ou du vélo): À la montagne
   faire du cheval ou du vélo: À la campagne
4. faire du camping et des randonnées: À la montagne
   (faire du camping et des randonnées): À la campagne
5. visiter les musées ou les monuments: En ville

6-11

YVES: *faire des pique-niques*, du vélo et du camping
MARGUERITE: faire du ski, de la natation et du ski nautique
HONG: aller à la pêche, faire une promenade et le repos

6-12

1. a
2. b
3. a
4. a
5. b
6. a

6-13

1. 1
2. 1
3. 2
4. 1
5. 0
6. 1

6-14

1. b
2. b
3. a
4. a
5. a
6. b

6-15

1. fait
2. faisons
3. fait
4. font
5. fais
6. fais
7. faites

6-16

a. 3
b. 5
c. 4
d. 1
e. 6
f. 2

6-17

1. Avec qui est-ce que tu as fait du ski?
2. Qui a fait du ski aussi?
3. Qu'est-ce qu'elle a décidé?
4. Qui est-ce que vous avez vu?
5. De quoi est-ce qu'il a parlé?

6-18

A. *Answers will vary but might include*: la plage, nager, le soleil, les bars, la montagne, le ski, les bons restaurants, le cinéma, les musées, le camping…
B. Row 2: jeudi / *froid / achats / centre-ville*
Row 3: vendredi / soleil / nager / plage
Row 4: samedi / mauvais / jouer aux cartes / hôtel
Row 5: dimanche / ciel bleu, soleil / voyage de retour / Paris
C. *Answers will vary.*

Leçon 3: Je vous invite

6-19

1. a
2. b
3. b
4. a
5. b
6. b

6-20 *Answers will vary but may include:*

1. Désolé, je suis déjà prise.
2. C'est dommage, nous travaillons.
3. Volontiers, j'adore Matisse.
4. Je regrette, mais j'ai un rendez-vous.
5. Bien sûr, avec plaisir.
6. Oui, attends, je prends mon maillot!

6-21

1. hier
2. hier
3. aujourd'hui
4. hier
5. hier
6. aujourd'hui

6-22

1. suis arrivée
2. es parti
3. suis allé
4. as fait
5. avons rendu
6. sont revenues
7. ont téléphoné
8. n'ont pas parlé

6-23

1. ordre
2. suggestion
3. suggestion
4. suggestion
5. ordre
6. suggestion

6-24

1. Elle devrait
2. Nous pourrions
3. Tu pourrais
4. nous voudrions
5. Je voudrais
6. Tu devrais

6-25

A. *Answers will vary but may include*: where to go, the place to meet, the type of activity, how much it will cost…
B. #1: *Festival de cinéma en plein air, 22 h,* 4 euros.
Au parc de la Villette, téléphone 01.40.03.76.92.
#2: Pièce de théâtre, 21 h 30, 11 euros. Rappeler Denise.
#3: trio de jazz au café-bar, 21 h, *gratuit.*
C. *Answers will vary.*

Chapitre 7: *Du marché à la table*

Leçon 1: Qu'est-ce que vous prenez?

7-1

1. boisson rafraîchissante
2. boisson chaude
3. quelque chose à manger
4. quelque chose à manger
5. boisson chaude
6. quelque chose à manger
7. boisson rafraîchissante
8. boisson rafraîchissante

7-2

CORINNE: *des crudités*, un croque-monsieur, un coca et une glace au chocolat.
LAURENT: une bière, un sandwich au jambon, des frites et un café crème.

7-3

1. jeter
2. une leçon
3. une chemise
4. retourner
5. premier
6. infirmerie

7-4

1. une boulang~~e~~rie
2. un melon
3. une om~~e~~lette
4. un repas
5. la charcut~~e~~rie
6. mercredi

7-5

a. 2
b. 3
c. 1
d. 5
e. 6
f. 4

7-6 *Drink answers will vary.*

1. Je bois…
2. Elle boit…
3. Nous buvons...
4. Ils boivent...
5. Nous buvons...
6. Je bois...

7-7

1. logique
2. illogique
3. logique
4. logique
5. logique
6. illogique

7-8

1. Alors, on ne sert pas de bière.
2. Alors, on sert du café.
3. Alors, on sert des oranges.
4. Alors, on sert de la pizza.
5. Alors, on ne sert pas de limonade.
6. Alors, on sert de l'eau minérale.

7-9

A. *Answers will vary but may include*: du café, du thé, du chocolat chaud, une pizza, des frites, un croque-monsieur…
B. 1. Au soleil, pour avoir chaud.
   2. Richard prend un café et Hélène un thé citron.
   3. Catherine prend un coca lite (*a diet drink*).
   4. L'addition est de 6 euros. C'est 2 euros par personne.
C. *Answers will vary.*

Leçon 2: À table!

7-10

a. 6
b. 3
c. 4
d. 2
e. 1
f. 5

7-11

Apéritif: vin blanc et *des olives*
Entrée: des crudités
Plat principal: du poulet, des haricots verts et des pommes de terre
Dessert: tarte aux pommes et café

7-12

1. un_harmonica
2. un / hamburger
3. un / homard
4. des_huîtres
5. des / haricots
6. des_habits

7-14

1. rougissent
2. désobéit
3. punissez
4. réfléchissons
5. grossit
6. choisis

7-15 *Answers may vary slightly for items 2 and 4.*

1. Oui, je réfléchis / Non, je ne réfléchis pas beaucoup à mon alimentation. *or* Oui, nous réfléchissons / Non, nous ne réfléchissons pas beaucoup à notre alimentation.
2. Je choisis des melons, des bananes, des oranges... *or* Nous choisissons des melons, des bananes, des oranges…
3. Oui, je remplis / Non, je ne remplis pas mon chariot. *or* Oui, nous remplissons / Non, nous ne remplissons pas notre chariot.
4. Ils choisissent du bœuf, des côtelettes, du bifteck haché…
5. Oui, mes amis réussissent / Non, mes amis ne réussissent pas à maigrir.

7-16

a. 2
b. 6
c. 4
d. 1
e. 5
f. 3

7-17

1. Rachel l'adore aussi.
2. Olivier le déteste aussi.
3. Aïcha les déteste aussi.
4. Damien l'aime aussi.
5. Florence le préfère aussi.
6. Olivier la déteste aussi.
7. Aïcha les adore aussi.
8. Rachel l'aime aussi.

7-18

B. *du jambon: Acheté*
du bacon: Pas acheté / *trop cher*
des poires: Pas acheté / pas très belles
des bananes: Acheté
des haricots verts: Acheté
des pommes de terre: Acheté
du poulet: Acheté
du poisson: Pas acheté / Gérard ne l'aime pas

C. *Answers will vary.*

Leçon 3: Faisons des courses

7-19

1. c
2. c
3. b
4. a
5. b
6. c

7-20

Rayon boucherie: du bifteck haché
Rayon charcuterie: des plats préparés, du pâté
Rayon poissonnerie: des crevettes
Rayon boulangerie: un pain de campagne
Rayon crèmerie: du lait
Rayons fruits et légumes: *des tomates*, des concombres
Rayons surgelés: un sorbet

7-21

1. un paquet de
2. une tranche de
3. deux bouteilles de
4. trois
5. un morceau de
6. une boîte de

7-22 *Exact quantities may vary slightly.*

1. un pot de moutarde?
2. une bouteille d'eau minérale?
3. quatre tranches de jambon?
4. un paquet de riz?
5. un kilo de tomates?
6. une boîte de thon?

7-23

1. a
2. b
3. b
4. a
5. a
6. b

7-24 *There are two possible answers for item 5.*

1. Oui, oui, j'en ai acheté.
2. Oui, oui, Monique en a acheté.
3. Oui, oui, il y en a assez.
4. Oui, oui, il y en a.
5. Oui, oui, je vais / nous allons en manger beaucoup.
6. Oui, oui, j'en ai pris.

7-25

A. *Answers will vary.*

B. 1. 1. la boulangerie-pâtisserie
   2. la boucherie
   3. la crèmerie

   2. a. *une baguette et demie*, 3 tartelettes
   b. un kilo et demi de côtelettes d'agneau
   c. une tranche de roquefort, un morceau de brie

C. *Answers will vary.*

Chapitre 8: *Nous sommes chez nous*

Leçon 1: La vie en ville

8-1

1. a
2. b
3. b
4. a
5. b
6. a

8-2

1. Type d'appartement: *un studio en centre-ville*
   Description: une cuisine, une salle de bains et une chambre; 8e étage; 150 euros/mois; il n'y a pas d'ascenseur.
2. Type d'appartement: un cinq-pièces dans un quartier résidentiel
   Description: trois chambres, un séjour et une salle à manger; 5e étage; 300 euros/mois; c'est un nouvel immeuble avec ascenseur.

8-3

1. b
2. a
3. b
4. a
5. b
6. b

8-5

1. ces
2. ces
3. ce
4. cette
5. ce
6. cet

8-6

1. Cet escalier
2. Cet appartement
3. Ce séjour
4. Ce loyer
5. Ces placards
6. Cette salle de bains

8-7

1. illogique
2. logique
3. logique
4. logique
5. logique
6. illogique

8-8

1. je leur ai donné
2. je lui ai téléphoné
3. je lui ai remis
4. je lui ai rendu visite
5. je leur ai demandé
6. je lui ai apporté

8-9

B. 1. Appartement / *en banlieue*, *6e ètage / 2 chambres*, une cuisine, une salle de bains et un séjour / 250 euros avec les charges comprises / un balcon
   2. Studio / en centre-ville au rez-de-chaussée / un petite cuisine, une petite salle de bains et des toilettes / 150 euros sans les charges
   3. Appartement / dans un quartier résidentiel au 10e étage / une chambre, une salle à manger, un séjour / 200 euros avec les charges / un ascenseur, l'immeuble donne sur un jardin public

C. *Answers will vary.*

Leçon 2: Je suis chez moi

8-10

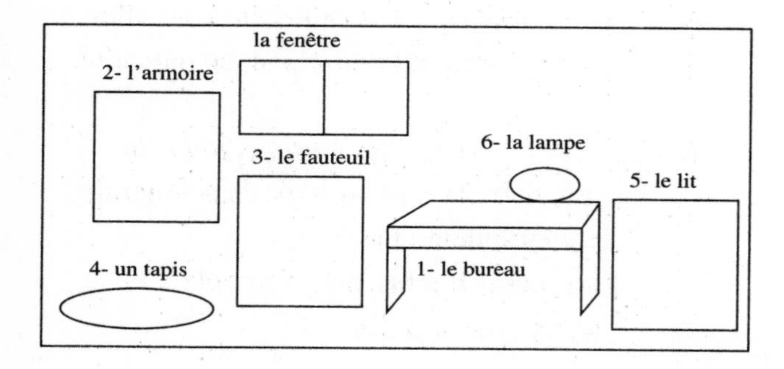

8-11

1. b
2. a
3. b
4. a
5. a
6. b

8-14

1. b
2. b
3. a
4. b
5. a
6. b

8-15

1. C'est la cuisine la moins pratique.
2. C'est le réfrigérateur le plus petit.
3. Ce sont les meubles les plus usés.
4. C'est le lit le moins confortable.
5. Ce sont les placards les plus petits.
6. C'est le plus vieil appartement. / C'est l'appartement le plus vieux.

8-16

1. logique
2. logique
3. illogique
4. illogique
5. logique
6. logique

8-17

1. Oui, je vous montre le séjour.
2. Oui, je peux te prêter ma cassette.
3. Oui, je vous sers du champagne ce soir.
4. Oui, je vous invite au restaurant.
5. Oui, tu peux m'aider dans la cuisine.
6. Oui, je vais vous préparer un gâteau.

8-18

A. *Answers will vary.*

B. 1. appartement
   2. centre-ville, à côté de la poste

3. 3 pièces
   2 chambre(s)
   1 cuisine(s)
   garage
   2 W.-C.
   1 salle(s) de bains
   salle(s) à manger
   1 salle(s) de séjour
4. 1 douche(s)
   1 baignoire(s)
   2 lit(s)
   1 frigo
   pas beaucoup de placard(s)
   cuisinière
   1 table(s)
   4 chaise(s)
   canapé(s)
   2 fauteuil(s)
   bureau(x)
   armoire(s)
5. une chambre pour les amis, une salle de bains moderne, deux W.-C.
6. pas d'ascenseur, pas de placard dans la chambre d'amis, une vieille cuisine

C. *Answers will vary.*

Leçon 3: La vie à la campagne

8-19

1. campagne
2. ville
3. campagne
4. campagne
5. ville
6. ville

8-20

a. 5
b. 4
c. 1
d. 2
e. 6
f. 3

8-21

1. demande
2. suggestion
3. demande
4. suggestion
5. suggestion
6. demande

8-22

1. Si nous jouions / Si on jouait aux cartes?
2. Si nous allions / Si on allait pêcher?
3. Si nous jouions / Si on jouait au tennis?
4. Si nous allions / Si on allait faire une randonnée?
5. Si nous buvions / Si on buvait quelque chose?
6. Si nous rentrions? / Si on rentrait?

8-23

1. b
2. a
3. b
4. b
5. a
6. a

8-24

1. il … avait
2. on arrivait
3. c'était
4. nous ne faisions
5. Mon frère et moi allions
6. il ne pleuvait
7. Je me couchais
8. je trouvais

8-25

A. *Answers will vary but could include*: aller à la pêche, faire un pique-nique, se détendre, faire du vélo…

B. 1. Mme Chapon: *Elle s'est occupée du potager*, elle a lu un livre dans le jardin, elle s'est détendue.
   Son mari: Il a bricolé, il est allé à la pêche avec son fils.

2. M. Lefort et sa femme: Ils ont nettoyé la maison, ils ont fait les courses, ils sont restés à la maison, ils ont regardé la télé. Leur fille: Elle est allée au cinéma dimanche.
3. Avantage: L'air frais, c'est un week-end tranquille, en famille

C. *Answers will vary.*

Chapitre 9: *Les relations personnelles*

Leçon 1: Les jeunes et la vie

9-1

a. 6
b. 3
c. 5
d. 2
e. 1
f. 4

9-2

1. a
2. b
3. b
4. a
5. a
6. b

9-3

1. 1+
2. 1
3. 1+
4. 1+
5. 1
6. 1

9-4

1. lisent
2. lisons
3. dites
4. dit
5. lit
6. écrit

9-5

1. illogique
2. logique
3. logique
4. illogique
5. logique
6. logique

9-6 *Answers will vary but may include:*

1. Oui, je trouve que j'ai des bons rapports avec mes parents. / Non, je trouve que j'ai des mauvais rapports avec mes parents.
2. Oui, je pense que la formation à l'école n'aide pas les jeunes à trouver un poste. / Non, je pense que la formation à l'école aide les jeunes à trouver un poste.
3. Oui, je trouve que les professeurs sont exigeants. / Non, je trouve que les professeurs ne sont pas exigeants.
4. Je pense que le mariage est...
5. Mes parents pensent que le langage des jeunes...

9-7

A. *Answers will vary.*
B. Row 2: Belgique / *Suisse* / Canada
Row 3: *–parents divorcés*, –n'a pas beaucoup vu son père, –adore sa mère / –a de bons rapports avec ses parents / –parents indulgents, ils travaillent beaucoup
Row 4: –voudrait réussir ses études et obtenir son diplôme / –si elle va trouver un bon poste / *–aimerait trouver du travail et avoir une famille*
C. *Answers will vary.*

9-8

a. 2
b. 5
c. 4
d. 1
e. 6
f. 3

9-9

1. a
2. b
3. b
4. b
5. a
6. a

9-10

1. b
2. a
3. b
4. a
5. a
6. b

9-12

1. habitude
2. événement
3. habitude
4. habitude
5. événement
6. événement

9-13

1. Je m'habillais quand mon frére est arrivé.
2. Je mangeais quand ma grand-mère a téléphoné.
3. Il neigeait quand je suis sorti(e).
4. J'allais à la fac quand j'ai rencontré un ami.
5. Je parlais avec lui quand mon portable a sonné.
6. Je courais quand je suis tombé(e).

9-14

1. information
2. information
3. information
4. action
5. action
6. information

9-15 *Answers will vary but may include:*

1. J'étais...
2. En 1990, j'avais...
3. Pour me détendre, je...
4. Quand j'étais plus jeune, je voulais devenir...
5. J'avais... / Je n'avais pas d'animaux domestiques.
6. J'allais... / Nous allions...

9-16

A. *Answers will vary.*

B. 1. a
   2. b
   3. c
   4. b

C. *Answers will vary.*

Leçon 3: Les émotions

9-17

a. 1
b. 3
c. 4
d. 2
e. 5

9-18

a. 3
b. 4
c. 6
d. 5
e. 1
f. 2

9-21

1. a
2. a
3. b
4. a
5. b
6. a

9-22

1. Il s'amuse.
2. Il se repose.
3. Il s'ennuie.
4. Il se fâche.
5. Il s'inquiète.

9-23

1. logique
2. illogique
3. logique
4. logique
5. logique
6. illogique

9-24

1. Est-ce que tu connais des chanteurs français?
2. Est-ce que tu sais parler anglais?
3. Est-ce que tu connais une personne célèbre?
4. Est-ce que tu sais prendre le métro?
5. Est-ce que tu connais des amis à Paris?
6. Est-ce que tu sais jouer au tennis?

9-25

A. *Answers will vary.*

B. 1. Marie / *Elle est en colère.* / Sophie a emprunté sa voiture sans lui demander.
   2. Corinne / Elle est inquiète. / *Bernard n'appelle pas et ne répond pas aux messages.*
   3. Odile / Elle est surprise. / Jean-Claude est en retard, d'habitude il est en avance.
   4. Michelle / Elle est gênée. / Elle a accepté une invitation à dîner mais elle doit étudier.
   5. Sabine / Elle est heureuse. / Sa sœur se marie.

C. *Answers will vary.*

Chapitre 10: *Voyageons!*

Leçon 1: Projets de voyage

10-1

1. en bateau
2. le train
3. en avion
4. à moto
5. le métro
6. une voiture

10-2

a. 2
b. 1
c. 6
d. 3
e. 4
f. 5

10-3

1. a
2. b
3. a
4. a
5. b
6. b

10-5

1. c'est moins sûr
2. c'est sûr
3. c'est moins sûr
4. c'est sûr
5. c'est moins sûr
6. c'est sûr

10-6

1. téléphonerai
2. irons
3. chercherez
4. ferons
5. prépareront
6. appellera

10-7

a. 4
b. 3
c. 5
d. 6
e. 2
f. 8
g. 7
h. 1

10-8

1. Oui, on y reste cinq jours.
2. Oui, on y passe.
3. Oui, j'y suis déjà allé.
4. Oui, il y passe.
5. Oui, j'y vais bientôt.

10-9

A. *Answers will vary but may include*: des lunettes de soleil, un passeport, une carte de crédit, un stylo, un permis de conduire, un carnet d'adresses...
B. 1. un appareil-photo, des lunettes de soleil, des pellicules, le plan de la ville, un porte-monnaie
   2. a. Quand ils arrivent à l'hôtel, Bernard et Sylvie se reposeront.
      b. Demain, ils téléphoneront à l'aéroport.
      c. S'ils ne retrouvent pas leur sac, ils iront faire les magasins pour acheter un nouvel appareil-photo et des pellicules.
      d. Bernard est optimiste.
C. *Answers will vary.*

Leçon 2: Destinations

10-10

1. le Mexique
2. le Portugal
3. l'Allemagne
4. le Japon

5. l'Argentine
6. la Côte-d'Ivoire

10-11

1. a
2. b
3. b
4. a
5. b
6. a

10-12

1. ———
2. grand
3. ———
4. vieux
5. gros
6. les autres étés
7. ———
8. mon
9. un
10. ———

10-14

1. a
2. a
3. b
4. b
5. a
6. b

10-15

1. au Canada
2. en Italie
3. au Japon
4. en Argentine
5. en Inde
6. au Cameroun

10-16

1. 1+
2. 1+
3. 1
4. 1+
5. 1
6. 1
7. 1
8. 1+

10-17

1. Il revient
2. Tu deviens
3. Le taxi vient
4. Paul et Florence viennent
5. Je viens
6. Nous revenons

10-18

A. *Answers will vary but may include*: l'Espagne, l'Angleterre, l'Australie, le Cameroun, l'Algérie, l'Inde, la Chine...

B. 1. a, d, h
   2. Christophe: la Tunisie; Estelle: l'Italie.
   3. Christophe: le soleil, un pays exotique, sortir de sa routine et de son travail de bureau
      Estelle: les musées et l'histoire

C. *Answers will vary.*

Leçon 3: Faisons du tourisme!

10-19

1. b
2. a
3. a
4. b
5. a
6. b

10-20

1. C'est la place Plumereau.
2. C'est la Basilique St-Martin.
3. C'est l'office du tourisme.
4. C'est le Grand Théâtre.
5. C'est le musée des Beaux-Arts.

10-21

a. 4
b. 1
c. 6

d. 2
e. 3
f. 5

10-22

1. … où on construit des avions.
2. … qui a de nombreuses cathédrales.
3. … qui ont une piscine à Toulouse.
4. … qui a le métro depuis dix ans / où il y a le métro depuis dix ans.
5. … qui est très grand.
6. … qui a beaucoup de musées / où il y a beaucoup de musées.

10-23

1. personne
2. chose
3. chose
4. chose
5. personne
6. chose

10-24 *Answers will vary but may include:*

1. La ville étrangère que je préfère est…
2. La ville que j'aimerais visiter est…
3. Les langues étrangères que je comprends sont…
4. La langue étrangère que j'aimerais apprendre est…
5. La personne que j'admire le plus est…

10-25

B. 1. b
   2. a et b
   3. dans les hôtels de luxe près des sites touristiques ou dans les gîtes ruraux en campagne
   4. on peut appeler l'agent de voyage ou composer le 3615 Dordogne sur le Minitel

C. *Answers will vary.*

Chapitre 11: *La santé et le bien-être*

Leçon 1: La santé

11-1

1. (throat)
2. (arm)
3. (feet)
4. (eyes)
5. (hand)
6. (shoulder)

11-2

1. illogique
2. illogique
3. logique
4. illogique
5. logique
6. logique

11-3

1. le cousin
2. un désert
3. la casse
4. des poisons
5. ils sont
6. décider
7. la base
8. nous avons

11-5

1. a
2. b
3. b
4. a
5. a
6. b

11-6 *Answers will vary but may include:*

1. Il faut te reposer. / Il faut te coucher plus tôt.
2. Il faut prendre du sirop. / Il faut aller voir ton docteur.
3. Il faut sortir avec tes amis. / Il ne faut pas trop dormir.

4. Il faut suivre un régime. / Il faut faire du sport.
5. Il faut chercher du travail. / Il faut acheter moins de vêtements et de CD.
6. Il faut te reposer. / Il ne faut pas rentrer trop tard.

11-7

1. Essentiel
2. Recommandé
3. Essentiel
4. Essentiel
5. Recommandé
6. Essentiel
7. Recommandé
8. Essentiel

11-8

1. … vous dormiez plus.
2. … vous vous reposiez.
3. … vous fumiez.
4. … vous sortiez un peu moins.
5. … vous mangiez des légumes.
6. … vous vous inquiétiez.

11-9

A. *Answers may vary but may include:* un mal de gorge, une grippe, une angine, un rhume, de la fièvre.

B. Row 2: Benoît / Il a très chaud et sa figure est toute rouge / *Il a un coup de soleil* / Il faut boire beaucoup d'eau et mettre de la pommade.
Row 3: Odile / Elle a mal à la gorge et son nez coule / Elle a un rhume / *Il faut prendre du sirop* et des gouttes pour le nez
Row 4: Renaud / *Il a mal à l'estomac* et mal au cœur / Il a mangé trop de chocolats / Il faut boire une bonne tisane à la menthe

C. *Answers will vary.*

Leçon 2: Pour rester en forme

11-10

a. 2
b. 6
c. 1
d. 3
e. 5
f. 4

11-11

1. Pas en forme
2. En forme
3. En forme
4. Pas en forme
5. Pas en forme
6. En forme

11-12

1. gn
2. n
3. gn
4. g
5. gn
6. n
7. g
8. gn

11-14

1. appelions
2. ailles
3. puisses
4. vienne
5. soyons
6. nettoyions

11-15

1. ... boivent beaucoup d'eau.
2. ... prenions de bonnes habitudes.
3. ... veuillent changer.
4. ... ailles au gymnase.
5. ... sache préparer des repas équilibrés.
6. ... soyez raisonnable.

11-16

1. veux / sois
2. souhaite / finisses
3. préfère / fasses
4. exige / te couches
5. préfère / ne répondes pas
6. veux / ailles

11-17

1. regret
2. bonheur
3. regret
4. bonheur
5. surprise
6. déception

11-18

A. *Answers will vary but might include*: Je fais du sport. Je ne bois pas d'alcool. Je bois peu de café. Je ne fume pas. Je fais du jogging. Je me couche de bonne heure.

B. 1. b
   2. a, c
   3. b, c
   4. b

C. *Answers will vary.*

Leçon 3: Sauvons la Terre et la forêt

11-19

1. nuisance
2. solution
3. nuisance
4. nuisance
5. solution
6. nuisance
7. solution
8. solution

11-20

a. 3
b. 6
c. 1
d. 2
e. 4
f. 5

11-21

1. incertitude
2. certitude
3. incertitude
4. certitude
5. incertitude
6. certitude

11-22

1. il y ait
2. l'air et l'eau sont
3. le recyclage soit
4. les gens veuillent
5. nous vivons
6. nous trouvions

11-23

A. *Answers will vary.*

B. 1. … sa femme et lui se lèvent tôt le matin.
   2. … elle a besoin de se détendre après son travail.
   3. ... Mlle Tréguier peut écouter de la musique après 22 h du dimanche au jeudi, mais elle peut en écouter jusqu'à minuit le vendredi et samedi.

C. *Answers will vary.*

Chapitre 12: *Quoi de neuf ? cinéma et média*

Leçon 1: Le grand et le petit écran

12-1

1. a
2. b
3. b
4. a
5. b
6. a

12-2

1. film d'horreur
2. film fantastique
3. film d'aventures
4. film historique
5. comédie
6. film d'espionnage

12-3

1. Il te dit de les faire venir.
2. Je ne connais pas l'ami de Madeleine.
3. Ils ne vous demandent pas de le faire.
4. Ce que vous dites ne l'intéresse pas.
5. Je te promets de ne pas le faire.

12-5

1. Vous voyez
2. Je crois
3. Nous croyons
4. Vous avez vu
5. Les policiers croient
6. Nous avons cru

12-6

1. … l'actrice joue mieux que lui.
2. … elle a raison.
3. … ce soit son meilleur film.
4. … l'histoire n'est pas intéressante.
5. … le film soit trop long.
6. … la musique est très belle.

12-7

1. réalité
2. réalité
3. rêve
4. rêve
5. rêve
6. réalité

12-8

1. elle n'arriverait pas
2. ils viendraient
3. elle aurait
4. il attendrait
5. tu n'achèterais pas
6. nous ne manquerions pas

12-9

A. *Answers will vary.*

B. 1. Pour: Gilbert Contre: Véronique – b
1. Avec la télé, on participe à la société. / 1. Alors la société est dans un triste état.
2. On a besoin de la télé pour s'informer. / 2. Elle lit les journaux.
3. Les séries américaines sont amusantes. / 3. Elles sont ridicules.
4. On peut regarder des films de temps en temps. / 4. Elle préfère aller au cinéma.

C. *Answers will vary.*

Leçon 2: On se renseigne

12-10

1. Les atlas
2. Les livres d'histoire
3. Les bandes dessinées
4. Les encyclopédies
5. Les romans
6. Les biographies
7. Les journaux

12-11

1. Santé Magazine
2. Fleurs, plantes et jardins
3. Le chien magazine

4. Auto passion
5. Les cahiers du cinéma
6. Folles de foot

12-12

1. b
2. a
3. a
4. b
5. b
6. a

12-14

1. b
2. b
3. a
4. b
5. a
6. a

12-15

1. après avoir eu
2. avant d'aller
3. avant de quitter
4. après avoir appelé
5. avant de partir
6. après avoir vérifié

12-16

a. 3
b. 5
c. 6
d. 2
e. 4
f. 1

12-17

1. le lui
2. la leur
3. leur en
4. les lui
5. les lui
6. y en

12-18

A. *Answers will vary.*

B. 1. Dame 1: très souvent
Homme: quelquefois
Dame 2: souvent

2 – 3. Dame 1: - romans sentimentaux / pour le rêve
- les magazines féminins, *Elle* ou *Femme actuelle* / pour s'informer
Homme: - le journal quotidien sur le sport, *l'Équipe* / parce qu'il aime le sport
- le programme télé *Télé-Loisirs*
Dame 2: - le journal *Le monde,* la revue *Paris-Match* / adore tout savoir sur les vedettes de variété et du cinéma

4. Elle offre les livres qu'elle achète parce qu'elle n'a pas le temps de lire.

C. *Answers will vary.*

Leçon 3: Êtes-vous branché?

12-19

1. Sur le clavier!
2. Sur la disquette!
3. Dans l'imprimante!
4. Sur l'écran!
5. Avec la souris!
6. Avec le CD-ROM!

12-20

1. a
2. b
3. a
4. a
5. b
6. a

12-21

a. 3
b. 1
c. 2
d. 5
e. 6
f. 4

12-22 Answers will vary but should include:

1. j'habiterai...
2. j'habiterais...
3. j'irai...
4. j'irais...
5. j'irai...

12-23

B.
1. Burkina Faso, Canada, République du Congo, France, Sénégal.
2. b
3. des démonstrations dans les écoles, des installations de cybercafés, des ateliers sur l'emploi de l'Internet, des jeux, des téléconférences.
4. a
5. L'Internet permet aux pays francophones de partager leurs différences, ce qui aide les peuples francophones à mieux se connaître parce qu'ils apprennent des choses sur les autres.

C. *Answers will vary.*